DU BIST stärker, ALS DU GLAUBST!

DEIN MUTMACHBUCH
für die großen und kleinen Herausforderungen
des Lebens

GROH

Inhalt

—

1. Willkommen auf deinem mutigen Weg zu mehr Leichtigkeit und Lebensfreude!

Ist es nicht das, was sich jeder Mensch wünscht? Sich seines Lebens zu erfreuen. Mit einem breiten Grinsen im Gesicht morgens aus dem Bett zu steigen und mit einem wundervollen Gefühl der Zufriedenheit am Ende des Tages einzuschlafen. Unbeschwert. Federleicht.

Für viele von uns bedeutet der Alltag alles andere als Leichtigkeit und Lebensfreude. Sorgen, Bedauern und vielerlei Verpflichtungen ziehen an uns, beschweren unseren Lebensweg.

Sich davon befreien zu wollen, ist sicher wünschenswert. Doch ist es auch realistisch? Vor allem: Ist es nötig? Brauchen wir ein Dauergrinsen, um zufrieden mit uns selbst und unserem Leben zu sein?

Die Welt da draußen macht uns vor, es sei so. Viele Bücher über Optimismus und „Positivity", unzählige „lächelnde" Beiträge in den sozialen Netzwerken vermitteln den Anschein, dass irgendetwas nicht mit uns stimmt, wenn wir uns nicht gut fühlen, wenn wir uns nicht jeden Morgen motiviert daran machen, unsere Ziele zu erreichen, wenn wir nicht in jedem Scheitern sofort etwas Gutes sehen.

„Schneller, höher, weiter" scheint es häufig auch beim Thema Glück zu heißen. Doch nachhaltig glücklich ist nur, wer sich vom Druck befreit, immer glücklich sein zu müssen, wer sich die Zeit nimmt, auch mal mies drauf zu sein, eine Fehlentscheidung oder einen Verlust zu bedauern, statt die Enttäuschung darüber direkt wegdrücken zu wollen.

Ich möchte dich mit diesem Buch ermutigen, deine vermeintlichen Schwächen und Ängste liebevoll in den Arm zu nehmen, mutig all deine Gefühle willkommen zu heißen und dabei auf deine eigene Stärke zu vertrauen – deine Stärke, die dich auch wieder aus herausfordernden Emotionen und Situationen befreien wird, wenn die Zeit dafür reif ist. Auch wenn du sie nicht immer deutlich spürst, du besitzt eine innere Kraft, die es dir ermöglichen wird, wieder herzlich zu lachen, bedingungslos zu lieben, vertrauensvoll zu leben.

Dieses Mitmachbuch will dir eine helfende Hand auf deinem Weg sein, ein offenes Ohr, eine Motivations- und Inspirationsquelle für neue Ideen, Wege, Perspektiven ...

Es ruft dir Seite für Seite zu:

Du bist stärker, als du glaubst!

Ich weiß selbst nur zu gut, wie sehr der Glaube an die eigene innere Stärke auf die Zerreißprobe gestellt wird, wenn das Leben durch viele kleine oder gar große Herausforderungen so richtig stürmisch wird. Wenn wir uns am liebsten irgendwo verkriechen und den Sturm einfach aussitzen wollen, so lange, bis die Sonne wieder scheint.

Das erste Mal fand ich mich selbst in solch einem Versteck wieder, als ich mit 17 Jahren die Diagnose „Diabetes mellitus Typ 1 – insulinpflichtig, unheilbar" erhielt.
Von einem Tag auf den anderen war meine jugendliche Leichtigkeit verschwunden und meine Welt sah für einige Zeit dunkel und bedrohlich aus.

Meine Gedanken kreisten plötzlich um Zukunftsängste, drohende Einschränkungen und die tägliche Frage nach dem Warum.

Heute kenne ich die Antwort darauf. Heute weiß ich, dass gerade dieses einschneidende Erlebnis mir die Möglichkeit schenkte, mich zu wandeln, zu wachsen und heute voller Zuversicht und Demut mein Leben selbstbestimmt nach meinen Bedürfnissen auszurichten.

Du wirst
glücklich sein,
sprach das Leben,
aber zuerst werde ich dich
stark machen.

— unbekannt —

Manchmal beschneiden uns Ereignisse auf den ersten Blick in unserer Freiheit und wir fühlen uns wie eine Raupe, eingezwängt in einen Kokon. Richtig ausweglos kann es uns vorkommen. Wir haben nicht den blassesten Schimmer, wie wir da wieder herauskommen sollen, wie es wieder besser werden soll.

Auch eine verpuppte Raupe in ihrem Kokon hat keinen Lehrmeister an ihrer Seite, der ihr erklärt, was nun zu tun ist und was da gerade mit ihr passiert.
Und doch weiß sie zum rechten Zeitpunkt, was zu tun ist. Es geschieht, was geschehen soll ...

Denn ihr Körper besteht aus sogenannten Imagozellen. Zellen, die sich durch das Wunder der Metamorphose zu etwas völlig Neuem zusammensetzen können – von der kleinen Raupe zum fröhlich flatternden Schmetterling.

Doch dies geschieht nicht über Nacht. Es ist ein Prozess, der das Vertrauen darin erfordert, dass dieser vermeintliche Rückschritt – von der Raupe zur unbeweglichen Puppe – einen bestimmten Zweck erfüllt.

Die Zeit im engen Kokon lässt die Raupe zu ihrer wahren Natur finden – ist es bei uns nicht oft genauso?

Auch ich steckte über Wochen und Monate hinweg in meinem Kokon fest und glaubte, dass ich erst wieder richtig frei sein würde, wenn meine Krankheit geheilt werden könnte – wenn tägliches Blutzuckermessen und Insulinspritzen, schweißtreibende Unterzuckerungen und ermüdende Überzuckerungen der Vergangenheit angehören würden, wenn die Angst vor der Zukunft und die Wehmut über die Vergangenheit ein Ende haben würden.

Doch gerade in diesen herausfordernden Zeiten, in denen es enger und enger in meinem Kokon wurde, passierte etwas Magisches: Mir wurde bewusst, dass mir das tägliche „Training" mit diesem neuen Wegbegleiter wahre Superkräfte verlieh – Superkräfte wie Achtsamkeit, Klarheit, Dankbarkeit und Lebensmut.

Fähigkeiten und Sichtweisen, die es mir ermöglichten, mich aus eigener Kraft aus meinem Kokon zu befreien, um als bunter Schmetterling mein Leben aus einer völlig neuen Perspektive zu erkunden.

Seitdem tanze ich von Blume zu Blume durchs Leben, harre aus, wenn mich verregnete Tage einbremsen, und weiß dabei stets, dass nach jedem Sturm auch wieder friedliche Ruhe einkehren wird. Denn das Wetter ist facettenreich und unbeständig – das Leben auch!

Wie sagte Heraklit schon vor über 2.500 Jahren treffend: Die einzige Konstante im Universum ist die Veränderung.

Und so ist es bis heute geblieben. Das Leben wird bestimmt von Veränderungen – die einen lösen Vorfreude in uns aus, die anderen schüchtern uns ein. Unsere persönliche Reaktion auf die verschiedenen Veränderungsprozesse kann uns Wohlbefinden wie Unbehagen bescheren.

Eine der wichtigsten Grundzutaten des Glücks ist sicherlich, Veränderungen mit Akzeptanz und Vertrauen gegenüberzutreten. Dieses Urvertrauen wird jedoch oft durch die Herausforderungen des Lebens in seiner Tiefe erschüttert.

Wir tun uns zunächst schwer, daran zu glauben, dass irgendwann wieder Leichtigkeit und Unbeschwertheit unseren Alltag bestimmen werden.

Und doch es ist möglich, diese Balance wiederherzustellen. Du kannst es schaffen, denn noch einmal: Du bist stärker, als du glaubst!

Du bist – so wie der Schmetterling – ein Verwandlungskünstler. Du hast die Fähigkeit, dich immer wieder selbst zu verändern. Das ist es, was Lebewesen seit Anbeginn der Zeit tun, um stetig weiter zu wachsen, um neue Perspektiven, Wege und Lösungen zu erkennen, um individuelle Fähigkeiten und Stärken zu entwickeln.

Hast du Lust, deine persönlichen „Superkräfte" zu entfalten – wie ein Schmetterling deine Flügel auszubreiten und unbeschwert loszuflattern?

Lass uns gemeinsam entdecken, wie du …
… mit herausfordernden Gefühlen Frieden schließt.
… dein Vertrauen in dich selbst stärkst.
… mutig deinen Kokon verlassen kannst.
… dich für die Stürme des Lebens wappnest
und dich von dem befreist, was dich daran hindert, deinen Schmetterlingsflug unbeschwert zu genießen.

Ich freue mich auf dieses gemeinsame Abenteuer mit dir!
Deine Karima – Die Lebensfreude-Stifterin

Ein Vogel
hat niemals Angst davor,
dass der Ast unter ihm bricht.
Nicht, weil er
dem Ast vertraut, sondern
seinen eigenen Flügeln.

— unbekannt —

2. Schnelle Hilfe

—

FÜNF ÜBUNGEN BEI ANGST, TRAURIGKEIT, STRESS & CO.

—

Manchmal erfasst dich eine Emotion so wild und unberechenbar wie ein Wirbelsturm. Nichts bleibt mehr an seinem Fleck. Dir stockt regelrecht der Atem, obwohl bewusstes, langsames Atmen genau das wäre, was deinen Körper jetzt beruhigen würde.

Deine emotionalen und körperlichen Empfindungen sind wie durch ein starkes Band eng miteinander verknüpft.

Was du denkst und fühlst, beeinflusst automatisch dein körperliches Wohlbefinden. Das kennst du bestimmt: Du hast das Gefühl, nicht mehr du selbst zu sein, der Kopf wird rot, dein Körper zittert, dein Bauch verkrampft sich, vielleicht fließen Tränen. Du verlierst scheinbar die Kontrolle über deinen Körper – ausgelöst durch einen Stressreiz, der dich traurig, nervös, wütend, beschämt oder ängstlich macht.

Andersherum funktioniert dieses Zusammenspiel ebenso gut. Über deinen Körper kannst du Zugang zu innerer Ruhe, Stärke und Gelassenheit finden, auch wenn in dir gerade solch ein unberechenbarer Sturm aus Emotionen und Gedanken tobt.

Die folgenden „Embodiment-Übungen" machen sich diesen Effekt zunutze. Sie helfen dir kurzfristig, die Bedrohlichkeit einer Situation zu mildern, indem sie dich liebevoll in die Mitte dieses emotionalen Wirbelsturms stupsen. Denn dort herrscht kraftvolle Ruhe.

Im Auge des Wirbelsturms regt sich kein Blatt, der Sturm scheint vorüber zu sein. Auch wenn das nicht der Fall ist, kannst du dort Kraft tanken, um dich danach wieder gestärkt dem Sturm entgegenzustellen – so lange, bis er vollständig an dir vorübergezogen ist. Hierfür bekommst du in den nächsten Kapiteln dein Rüstzeug.

Lass dich von den folgenden Übungen daran erinnern:

> Der Sturm da draußen kann noch
> so stark sein, in deinem Inneren
> gibt es immer einen Rückzugsort.
> Dein Körper weist dir den Weg dorthin.

ÜBUNG: Bei Traurigkeit, Herzschmerz, Einsamkeit

Lege beide Hände übereinander auf deinen Herzbereich (am besten mit Hautkontakt) und atme tief ein und aus. Spüre dein starkes Herz, das dich jeden Tag bedingungslos am Leben hält.

Schenke dir selbst Mitgefühl für deine Situation und deine aktuellen Emotionen – lass sie da sein als Teil von dir, als Teil dieses Moments. Denn sie werden nicht für immer bleiben, wenn du ihnen jetzt deine volle Aufmerksamkeit schenkst – wie einem weinenden Kind, das Trost bei dir sucht. Du würdest es nicht wegschicken, sondern in den Arm nehmen und liebevoll hin und her wiegen, bis der Schmerz nachlässt.

Genau das funktioniert auch bei dir selbst, da dich sanftes Schaukeln schon im Mutterleib beruhigt hat. Atme also weiter tief ein und aus, während deine Hände dein Herz berühren und du dich langsam für mindestens fünf Minuten hin und her wiegst. Lass dir Zeit, damit sich die Wirkung entfalten kann.

Es kann sein, dass deine Traurigkeit dies als eine wertvolle Einladung annimmt, um sich auch körperlich zu zeigen. Das ist okay. Lass es zu, wenn bspw. Tränen fließen. Sie werden deine „innere Wunde" vorsichtig auswaschen, damit sie besser heilen kann.

TRICKKISTE:

Wenn deine Emotionen mal besonders hartnäckig sind und du dir am liebsten den ganzen Tag die Decke über den Kopf ziehen möchtest, ist es gut, wenn du dich nach 30 bis 60 Minuten aktiv aus dieser Emotion löst:

Stelle dich hin und schüttle erst deine Arme und Hände aus. Mache dich nun lang, strecke deine Arme über den Kopf und nimm einen tiefen Atemzug. Lass deine Arme jedes Mal Richtung Boden schwingen, während du dreimal bewusst ausatmest.

Gönne dir jetzt etwas „fürs Herz", z. B. einen aromatischen Kräutertee, eine aufmunternde Podcast-Episode, ein Aromaölbad oder ein paar Mutmachlieder.

Überraschung No. 1: Auf www.groh.de/extra/stark wartet mein Lied „Trau dich" auf dich. Lass dich gern davon inspirieren und ermutigen.

Vielleicht zaubert dir auch das folgende Zitat eine Prise Vertrauen in dein Herz …

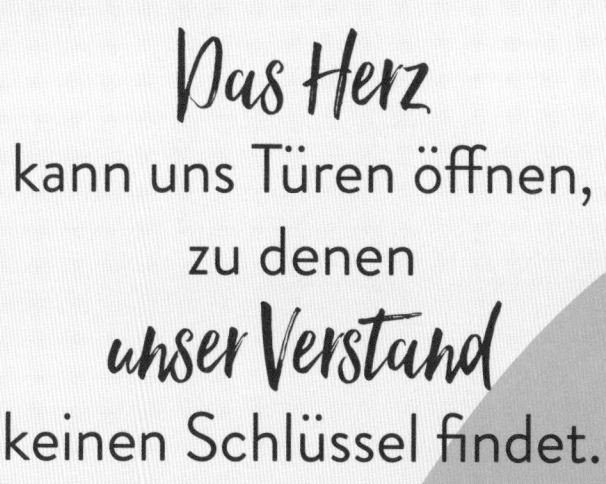

Das Herz
kann uns Türen öffnen,
zu denen
unser Verstand
keinen Schlüssel findet.

— Ernst Ferstl —

 ## ÜBUNG: Bei Angst oder Nervosität

Stelle dich auf dein linkes Bein und lass deinen Blick ganz langsam von links nach rechts wandern. Observiere dabei deine Umgebung und achte auf so viele Details wie möglich.

Das lenkt deine Aufmerksamkeit von deiner inneren Unruhe, deinen Grübeleien oder angstmachenden Gedanken nach außen.

Außerdem hat währenddessen dein Gleichgewichtszentrum im Kleinhirn allerhand damit zu tun, dich in der Balance zu halten. Diese äußere Balance sowie der ruhige, geführte Blick fördern wiederum deine innere Balance und Ruhe.

Lass deinen Blick im Einbeinstand so lange hin und her wandern, bis du den gewünschten Effekt erzielt hast.

TRICKKISTE:

Wenn deine innere Angst immer noch zu „laut" ist, summe während der Übung ein dir bekanntes Lied, vielleicht sogar ein Kinderlied, das dir früher immer ein Gefühl von Leichtigkeit beschert hat, bspw. „Hopp, hopp, hopp, Pferdchen lauf Galopp".

Dadurch übertönst du dein inneres „Angstgespräch" kurzfristig. Außerdem wirkt das Summen ähnlich beruhigend wie das Schnurren einer Katze. Die sanfte Vibration der Töne breitet sich in deinem Körper aus und entspannt dich.

Vielleicht tut es dir auch einfach gut, ein wenig über dich selbst zu schmunzeln, weil du gerade im Einbeinstand summend deine Umgebung observierst.

Aber hey, es wirkt!

3 ÜBUNG: Bei Scham und Misserfolg

Hin und wieder misslingt dir etwas oder dir passiert ein kleines Malheur. Es ist das Normalste der Welt und doch würdest du in diesem Moment am liebsten im Erdboden versinken, dich einfach unsichtbar machen.

Gib deinem Körper das Signal, dass die Gefahr gebannt ist und er sich wieder zeigen kann, indem du deine wahre Größe spürst. Richte dich auf und mache dich zunächst körperlich groß. Setze oder stelle dich dafür etwas breitbeinig hin, hebe deinen Kopf, ziehe deine Schultern leicht nach hinten und stemme deine Hände in die Hüften.

Schalte nun bewusst deine Sinne ein – höre, beobachte, rieche, spüre. Sei da.

Das Einschalten deiner Sinne sowie das körperliche Großmachen lenken auch bei dieser Übung deine Aufmerksamkeit von unangenehmen Körperwahrnehmungen und Selbstvorwürfen im Inneren nach außen.

Nun kommt das Wichtigste: Mache dir selbst ein Kompliment!

Dieser Teil der Übung fällt den meisten Menschen anfangs schwer. Doch du kannst es trainieren. Warte nicht auf Anerkennung aus deinem Umfeld. Schenke sie dir immer wieder selbst und sorge für ein inneres Leuchten, das unabhängig ist von der Meinung anderer.

Was findest du gut an dir?

....

....

....

....

Wenn du es dir gleich jetzt aufschreibst, wirst du in einer entsprechenden Situation besser vorbereitet sein. Du kannst dann diese anerkennenden Worte einfach wiederholen, anstatt dir im Gefühls-Chaos mühevoll etwas zu überlegen.

Lies sie dir am besten zehnmal laut vor und überzeuge dich selbst davon, dass du so viel mehr bist als das, was dir dein aktuelles Empfinden gerade vorgaukelt. Auch wenn du dich gerade komplett selbst infrage stellst, glaube mir, du bist wunderbar – genau so, wie du bist. Die Verletzlichkeit, die du gerade spürst, ist ein Teil von dir. Sie macht dich menschlich und authentisch. Auch sie darf da sein.

ÜBUNG: Bei Zeitstress

Du musst zu einem Termin oder willst etwas pünktlich fertig machen, doch die Zeit wird knapp?

Wie gut, dass du dir für die folgende Übung keine Extrazeit zu genehmigen brauchst. Deinen inneren Stresslevel kannst du durch einen kleinen Trick auch „zeitneutral" absenken. Du wirst dadurch zielsicherer vorankommen, als wenn du durch innere Unruhe und Hast ins Schludern gerätst.

Nutze jede Gelegenheit, um lange auszuatmen – gern doppelt so lang, wie du einatmest. Egal ob auf der Toilette, beim Duschen, Händewaschen oder Schuheanziehen, lass den Stress immer wieder bewusst aus deinem Körper strömen.

Noch stärker ist der Effekt, wenn du dabei summst und deinen Körper dadurch leicht in Schwingung versetzt. Dein Kopf empfängt diese angenehme Vibration ebenso und deine Gehirnströme beruhigen sich nachweislich.

Dein Nervensystem entspannt sich zusätzlich, wenn du eine Hand über dein Herz legst und mit der flachen Hand oder einem Finger einen entspannten Rhythmus auf deine Brust klopfst. Bestimmt liegt dein Puls bei Zeitstress über 60 Schlägen pro Minute. Hilf deinem Herzen, sich zu entspannen, indem du ihm einen Herzschlag im Sekundentakt vorgibst (oder etwas langsamer).

Wenn du unterwegs bist und schnellen Schrittes irgend-wo hineilst, kannst du deine Wege ebenso mit deiner Atmung verknüpfen. Atme bspw. je nach Schritt-geschwindigkeit etwa vier Schritte lang ein und dann etwa sechs Schritte lang aus.

Das Zählen deiner Schritte zieht die Aufmerksamkeit weg von deinem inneren Dialog. Denn sicher kennst du diese Gedanken, die dir einreden möchten, dass du noch schneller machen sollst, oder die dich dafür ver-urteilen, dass du es wieder so weit hast kommen lassen.

Doch was jetzt zählt, sind deine Schritte Richtung Ziel. Also befreie dich von deinem inneren Antreiber, der deinen Weg unbequem macht. Das Schrittezählen in Kombination mit deiner Atmung hilft dir dabei.

Wir sollten viel öfter einen

Mutausbruch

haben!

— unbekannt —

ÜBUNG: Bei Wut

Wut kann sich gegen uns selbst richten, gegen Mitmenschen oder einen Lebensumstand. Sie will dir zeigen, dass du dich gerade ungerecht behandelt fühlst oder deine Erwartungen nicht erfüllt werden. Wut ist grundsätzlich kein zerstörerischer Bösewicht. Sie will sich im Affekt jedoch oft sehr stark ausdrücken. Lass deine Wut nicht einfach machen, was sie will. Übernimm selbst das Zepter.

Ehe du deinen Unmut mitteilst, kannst du deinen Wutlevel im ersten Schritt etwas abmildern, indem du dieser Kraft einen Platz gibst, an dem sie nichts anstellen kann.

Balle dafür deine Hände zu Fäusten und drücke sie richtig fest zusammen, so, als würdest du deine ganze Wut in deinen Händen bündeln. Spüre ihre Power und zerdrücke gedanklich alles, was dich gerade wütend gemacht hat. Hier ist deine Wut gut aufgehoben.

Löse nach ein paar Sekunden deinen Druck und öffne langsam deine Hände. Deine Handflächen zeigen nach oben. Atme dabei langsam aus und spüre, wie sich die Entspannung in deinem gesamten Körper ausbreitet.

Durch das starke Ballen der Fäuste und die anschließende Entspannung deiner Hände gaukelst du deinem Gehirn vor, Wut und Anspannung seien vorüber. Die hormonelle Stressreaktion deines Körpers wird heruntergefahren und du kannst nun wieder klarer denken. Deine Worte – dir selbst und anderen gegenüber – werden nun etwas milder ausfallen.

Auf diese Weise wird die auslösende Situation nicht weiter angeheizt und du hast dir dennoch eingestanden, deine Wut zu spüren, anstatt sie herunterzuschlucken. Sollte sich deine Wut in Gesellschaft anderer Menschen zeigen, kannst du deine Hände versteckt in deinen Hosen- oder Jackentaschen zu Fäusten ballen und anschließend leicht geöffnet und entspannt herausziehen. Dadurch sendest du keine missverständlichen Signale an dein Gegenüber.

TRICKKISTE:

In digitalen Zeiten wie diesen werden Emotionen häufig durch Kurznachrichten auf dem Smartphone ausgelöst. Ein Text kann ohne Stimmfarbe, Mimik und Co. jedoch nur einen Teil der gewünschten Botschaft vermitteln. Es kommt vor, dass der Absender etwas anderes ausdrücken möchte als das, was beim Empfänger ankommt. Durch einen emotionsgeladenen Chat-Austausch können Missverständnisse selten aufgeklärt werden. Warte ein paar Minuten, bis sich deine Emotionen abgekühlt haben, und nimm dann lieber den Hörer in die Hand, um dich telefonisch auszusprechen.

Möchtest du deinen Unmut nichtsdestotrotz per Nachricht mitteilen, tippe deine Antwort zunächst nur als Notiz in dein Smartphone, ohne sie abzuschicken. Wenn du deinen Text nach etwa einer Stunde erneut durchliest, kannst du ihn mit dem gewonnenen Abstand noch einmal umändern oder löschen.

3. Gut gerüstet für den Neuanfang

3.1 DEINE VERANTWORTUNG DIR SELBST GEGENÜBER

Solltest du dich aktuell in einer Krise befinden oder dich durch ein unbewältigtes Trauma stark belastet fühlen, möchte ich dir dringend eine professionelle Begleitung ans Herz legen.

Kein Mensch lernt in der Schule, wie man mit solchen Herausforderungen umgeht, und auch dieses Buch kann hier keine Wunder bewirken.

Sei gut zu dir und erwarte nicht von dir, alles allein schaffen zu müssen. Freunde und Familie können manchmal eine Stütze sein, doch auch für sie können solche Situationen überfordernd sein. Denn jeder von uns möchte, dass es seinen Liebsten gut geht. Wir fühlen uns verantwortlich und machtlos zugleich, wenn ein offenes Ohr allein nicht ausreicht, um den Schmerz eines geliebten Menschen ausreichend zu lindern. Auch bei Depressionen, einem Burnout oder schwerwiegenden Krankheitsdiagnosen sollte dieses Mitmachbuch eher als zusätzlicher Begleiter gesehen werden, da es auf keinen Fall eine Psychotherapie ersetzen kann.

Sich helfen zu lassen und eigenverantwortlich nach einer helfenden Hand im realen Leben zu suchen, bedeutet ebenso Stärke und ist manchmal nötig, um wieder Fuß zu fassen.

Dieses Buch kann dir eine Tür hin zu dir selbst öffnen. Doch hindurchgehen brauchst du nicht unbedingt allein. Lausche nach innen und habe den Mut, nach weiterer Hilfe zu fragen. So kannst du deine neuen Erkenntnisse und Impulse vertiefen, die dir die folgenden Anregungen und Übungen schenken werden.

Ganz gleich, ob systemisches Coaching, kreative Gestaltungstherapie, EFT (Emotional Freedom Techniques), Transformationscoaching des inneren Kindes nach Robert Betz, The Work of Byron Katie, Human Design oder psychotherapeutische Verhaltenstherapie – die Auswahl an möglichen Unterstützungen ist vielfältig und gleicht einem Buffet mit den verschiedensten Gerichten.

Dieses Buch überreicht dir ein paar „leicht verdauliche" Kostproben der verschiedensten Coachingansätze und Selbsthilfetools, die mich auf meinem eigenen, turbulenten Lebenspfad immer wieder unterstützt haben. Es lässt dich mutiger werden für den nächsten Schritt – wie auch immer dieser auf deinem persönlichen Weg aussehen wird.

Also, lass uns losgehen, Hand in Hand,
jeden Tag ein kleines Stückchen weiter,
zielsicher in Richtung Leichtigkeit
und Lebensfreude.

3.2 DEN INNEREN AUTOPILOTEN DURCHBRECHEN

—

Dieses Buch möchte dich nachhaltig auf deinem Weg begleiten und Schritt für Schritt Veränderungen in deinem Leben, in deiner Gedanken- und Gefühlswelt ermöglichen.

Doch manchmal ist keine Zeit für Geduld und Langsamkeit. Wenn du dich bspw. plötzlich komplett von einer Emotion eingenommen fühlst, dein Körper regelrecht verrücktspielt und du dich wie gelähmt oder einfach überfordert fühlst.

In solchen Situationen setzt dich das Stresssystem deines Körpers so sehr in Alarmbereitschaft, dass du kaum noch in der Lage bist, rational zu entscheiden und zu handeln.

Deshalb findest du direkt im zweiten Kapitel fünf Körperübungen, die wissenschaftlich nachgewiesen sofortige Auswirkungen auf dein Nervensystem haben.

Wenn du sie durchführst, kannst du dich quasi nicht dagegen wehren, dass sie dein Stresssystem besänftigen. Dadurch befähigen sie dich, bedacht auf einen Stressauslöser zu reagieren.

Am stärksten ist der Effekt, wenn du die Übungen mit einer bewussten Atmung kombinierst und dich vor allem darauf konzentrierst, langsam auszuatmen.

Du durchbrichst mit diesen effektiven Übungen den Auto-
pilotenmodus, der sich oft durch innere, destruktive Selbstgespräche äußert. Bestimmt kennst du das auch, dass du
unter Stress nicht wirklich nett zu dir selbst bist und auch
andere sollten dann vielleicht lieber einen Bogen um dich
machen. Doch unter starkem Stress läuft dein Körper
schlichtweg im Überlebensmodus, selbst wenn er sich nicht
in realer Gefahr befindet.

Deine heutigen „Überlebensstrategien" hast du teilweise
von deinen Eltern oder anderen Bezugspersonen aus deiner
Kindheit übernommen – sei es zu schimpfen oder sich zu
verschließen, sich selbst zu verurteilen oder jemand anderen
zu beschuldigen, in Tränen auszubrechen oder gegen die
Wand zu schlagen.

Unzählige Erfahrungen und Erinnerungen aus deiner Vergangenheit sowie dein heutiger Freundes- und Bekannten-
kreis haben dich geprägt und stoßen automatisierte
Verhaltensweisen in dir an, um „äußeren Gefahren" aktiv
entgegenzutreten oder dich davor zu verstecken.

Mit den fünf Soforthilfe-Übungen deaktivierst du diesen
Autopiloten für einen Augenblick – wann immer du daraus
ausbrechen möchtest.

Mache die Übungen gern auch immer wieder in entspannten
Situationen, damit du sie dann im angespannten Zustand
leichter durchführen und wiederholen kannst.

Mut steht
am Anfang
des Handelns,
GLÜCK
AM ENDE.

— Demokrit —

TRICKKISTE: „Die 90-Sekunden-Regel"

Die Neurowissenschaftlerin Dr. Jill Bolte Taylor konnte zeigen, dass die biochemische Reaktion unseres Körpers auf einen Stressauslöser „nur" 90 Sekunden lang dauert, wenn sie nicht durch weitere Verstärker, z. B. ein Streitgespräch oder negative Gedanken, angefeuert wird.

Wenn dir zum Beispiel jemand eine Nachricht schreibt, die dich aufwühlt, atme erst 90 Sekunden lang tief ein und aus und sitze den kurzfristigen Anstieg an Stresshormonen aus, ehe du reagierst.

Nimm wahr, was in deinem Körper passiert und wie dich die Emotionswelle eineinhalb Minuten lang durchflutet – erst ansteigt, dann wieder abebbt.

Wie verändern sich dein Puls oder deine Atmung? Spürst du Hitze, Druck oder Anspannung in dir?

Durch eine bewusste Atmung und deine gesteigerte Körperwahrnehmung reduzierst oder vermeidest du Stressgedanken, die die Situation negativ bewerten und dadurch zusätzlich aufladen.

Wenn du deinen Körper 90 Sekunden lang von diesem weiteren Stress verschonst, beruhigt er sich, und du kannst aus einer gewissen Ruhe heraus und mit klarerem Kopf antworten.

Beherzige die „90-Sekunden-Regel" deshalb, wenn möglich, auch in Stresssituationen, die durch Mitmenschen in deinem direkten Umfeld ausgelöst werden. Leite einen kurzen Rückzug ein und gehe z. B. zur Toilette oder hole dir ein Glas Wasser, um dich dabei auf deinen Körper zu fokussieren. Danach kannst du lösungsorientierter handeln als mit einem Cocktail aus Stresshormonen im Blut.

Fällt dir spontan eine Situation ein, die du häufig erlebst und mit der du diesen Trick trainieren kannst?

In welchen emotionsgeladenen Momenten würdest du gern gelassener reagieren, um solche Situationen zu entschärfen und deine Nerven zu schonen?

....

....

....

....

3.3 BIST DU OFFEN FÜR NEUES?

—

Bei allen Gedankenanregungen und Übungen gilt wie immer:
Was sich stimmig anfühlt, ist „okay" und scheint zu dir zu
passen. Allerdings darfst du im Hinterkopf behalten, dass
sich Neues per se manchmal einfach etwas komisch anfühlt.
Allein deshalb, weil Körper und Geist nicht daran gewöhnt
sind. Verlass dich deshalb nicht komplett auf den ersten
Eindruck, sondern bleibe offen und gebe den Übungen auch
eine zweite, dritte, vierte Chance.

TRICKKISTE:

Überkreuze bitte deine Arme vor deiner Brust. Überprüfe, welcher Arm oben liegt. Nun verschränke deine
Arme noch einmal bewusst andersherum.

Wie fühlt sich das an? Irgendwie seltsam, stimmt's?
Und das ist nicht so, weil es dir andersherum lieber wäre,
sondern schlicht und einfach deshalb, weil du es dein
Leben lang so gemacht hast. Dein Körper hat dies als
„normal" abgespeichert.

Wenn dich also etwas Neues im ersten Moment etwas
irritiert, ist es zunächst nur ein Hinweis deines Körpers,
dass es ungewohnt ist. Es bedeutet nicht automatisch,
dass es nicht zu dir passt oder dir nicht guttut.

3.4 STARTKLAR IN DREI SCHRITTEN

Schritt 1: Was sagt dein Bauchgefühl?

Versuche bitte, immer vorher in dich hineinzuspüren, ob du eine Übung allein durchführen möchtest.

Wenn sie starke, emotionale Verletzungen aus deiner Vergangenheit an die Oberfläche holen könnte, empfiehlt sich eine Begleitung – durch einen professionellen Coach/ Therapeuten oder eine Vertrauensperson, die dieser Verantwortung gewachsen ist.

Schritt 2: Wie ist dein aktuelles Wohlbefinden?

Es ist empfehlenswert, dich vor einer Übung selbst zu fragen:

Wie geht es mir gerade? Und wie fühlt sich mein Körper an – kann ich in bestimmten Körperteilen Anspannung, Enge, Druck oder eher Leichtigkeit, Wärme, Entspannung wahrnehmen?

Bewerte diese körperlichen Empfindungen bitte nicht als „gut" oder „schlecht". Spüre nur hin und erkunde sie wie ein neugieriger Forscher.

Es kann sein, dass du überhaupt nichts Konkretes spürst und eine Art Leere in dir entdeckst. Nimm auch diese Empfindung lediglich wahr, ohne über eine mögliche Ursache oder Auswirkung nachzudenken.

Dein Wohlbefinden kannst du für einen späteren Abgleich auf einer Skala von null bis zehn einordnen. Null ist dabei ein absolutes Stimmungstief. Zehn hingegen steht für übersprudelnde Lebensfreude oder tiefe, innere Zufriedenheit.

Probiere es direkt aus – wie ist deine momentane Stimmung?

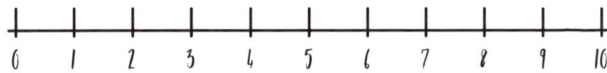

Was kannst du genau jetzt in deinem Körper wahrnehmen? „Scanne" ihn dafür von Kopf bis Fuß – was spürst du? (z. B. angespannte Schultern, Kribbeln im Bauch, Leichtigkeit, Entspannung, schwere Beine, kalte Füße)

....

....

....

....

....

....

Wenn du eine Übung beendet hast, überprüfe bitte noch einmal dein Wohlbefinden. Hat sich etwas geändert – deine Laune, dein Körpergefühl?

Es geht nicht darum, immer eine Verbesserung festzustellen, sondern wertfrei deine Empfindungen wahrzunehmen.

Wenn du dir dieses Nach-innen-Spüren mit der Zeit zur Gewohnheit machst, wirst du immer wachsamer für deine Bedürfnisse und deine innere Stimme. Auf diese Weise kannst du herausfordernden Situationen oder Emotionen immer selbstsicherer entgegentreten. Du wirst sie dann meist schon bemerken, bevor sie die Überhand gewinnen können.

Und wenn du hie und da feststellst, dass du durch eine Übung dein Wohlbefinden selbst zum Positiven beeinflusst hast, schenkt dir das zusätzlich eine wertvolle Portion Selbstvertrauen.

Dir wird dadurch immer stärker bewusst, dass du auf vieles mehr Einfluss hast, als du zuvor vielleicht geglaubt hast. Du bist deinen Stimmungen und bestimmten Herausforderungen nicht hilflos ausgeliefert. Du kannst eigenverantwortlich immer irgendetwas tun, um dir sofort ein kleines Erfolgserlebnis zu bescheren. Manchmal liegt solch ein Erfolg nicht darin, sein Wohlbefinden auf Knopfdruck zu verbessern, sondern darin, Emotionen jeglicher Art zuzulassen, sie mutig zu spüren, anzunehmen und dann ziehen zu lassen, wenn du wirklich bereit dafür bist.

TRICKKISTE:

Um die Übungen und Erkenntnisse aus diesem Buch nachhaltig in dein Leben zu integrieren und spürbar mehr Momente der Zufriedenheit zu erleben, mache dir die folgenden Strategien zunutze:

🦋 **Etabliere ein Selbstfürsorge-Ritual:**
Lies bspw. immer zur selben Uhrzeit am selben Wohlfühlort in deinem Buch. Gewählter Zeitpunkt und Ort sollten es dir erlauben, das Gelesene direkt auszuprobieren.

🦋 **Halte deine Erfahrungen schriftlich fest:**
Notiere dir abends oder morgens in einem Journalingbuch jede wichtige Erkenntnis sowie deine persönlichen Erfahrungswerte. Dies festigt dein neues Wissen und macht deine Veränderungen, Erfolge und persönlichen Bedürfnisse sichtbar.

🦋 **Wähle einen „Sparringspartner":**
Gibt es jemanden in deinem Umfeld, der dir guttut, dich motivieren kann und optimalerweise deine Werte teilt? Der regelmäßige, verbindliche Austausch mit einem Menschen, der die Gedanken aus diesem Buch ebenso in sein Leben integrieren möchte, hilft beiden „Sparringspartnern" bei der Umsetzung von der Theorie in die Praxis.

Deine Richtung
ist wichtiger
als dein Tempo.
Viele laufen sehr schnell
nirgendwo hin.

— unbekannt —

Schritt 3: Wie fühlst du dich behütet und sicher?

Wann immer du dieses Buch zur Hand nimmst, richte dir am besten eine Art „Schutzraum" ein. Dies kann eine Blume, eine Pyramide oder ein anderer Ort sein, an dem du imaginativ Platz nimmst. Das hilft dir, dich auf eine Übung oder Gedankenanregung einzulassen und mit der Zeit das Reaktionsmuster deines inneren Autopiloten neu zu kreieren. Das schenkt dir dann auch in neuen, kniffeligen Situationen Halt und Sicherheit.

Nimm mit der nächsten Übung direkt Platz in deinem „Schutzraum" und fühle dich dort voll und ganz behütet.

ÜBUNG: Kraftblume (Variante 1)

Schließe deine Augen und stelle dir vor, du sitzt inmitten einer Blume – deiner Lieblingsblume. Sie ist noch verschlossen, sodass alles, was sich in ihrem Inneren befindet, sicher eingeschlossen und vor jedem Wind und Wetter geschützt ist.

Du machst es dir auf dem weichen Stempel in der Mitte deiner Blume bequem. Du nimmst den Duft wahr, der dich umgibt, und bestaunst die strahlende Farbe deiner Lieblingsblume. Du siehst intuitiv genau die Farbe, die du gerade brauchst, um dich auszugleichen und zu kräftigen.

Atme nun fünfmal tief ein und aus und komme bewusst **bei** dir und diesem Moment an. Spüre deine Sitzfläche, wie sich dein Bauch und deine Lunge bewegen, und sinke mit jedem Atemzug tiefer in einen angenehmen Entspannungszustand.

Wenn du bereit dafür bist „zurückzukehren", nimm die Sitz-/Liegefläche unter dir wahr, kehre mit deiner Aufmerksamkeit zurück in den Raum, der dich umgibt, und öffne langsam deine Augen.

ÜBUNG: Lichtpyramide (Variante 2)

Schließe deine Augen und stelle dir vor, du sitzt inmitten einer majestätischen Pyramide aus goldenem Licht. Sei dir bewusst, dass sie dich beschützt, dich stärkt und dir Zeit und Raum schenkt, einfach du selbst zu sein.

Alles, was dich nicht erreichen soll, prallt an ihr ab, denn sie ist durch nichts zu durchbrechen. Das goldene Licht durchflutet deinen ganzen Körper und lässt dich fühlen, dass du heil, ganz und ruhig bist. Genieße diese Kraft und sauge sie bewusst in dir auf, indem du nun fünf tiefe Atemzüge nimmst. Komm bewusst bei dir selbst und diesem Moment an. Spüre deine Sitzfläche und wie sich dein Bauch und deine Lunge bewegen. Sinke mit jedem Atemzug tiefer in einen angenehmen Entspannungszustand.

Je länger du darin verweilst, desto kraftvoller ist der Effekt. Doch auch fünf Minuten werden sich bereits in deinem Wohlbefinden widerspiegeln.

Wenn du bereit dafür bist „zurückzukehren", nimm die Sitz-/Liegefläche unter dir wahr, kehre mit deiner Aufmerksamkeit zurück in den Raum, der dich umgibt, und öffne langsam deine Augen.

Wenn dir eine Blume oder Lichtpyramide nicht zusagt, kannst du auch etwas anderes visualisieren. Hier ein paar weitere Beispiele:
– Glitzernder Kristall
– Violette Flamme
– „Gottes Hand"
– Wasserfall aus Regenbogenlicht

Wofür entscheidest du dich?

Mein persönlicher Schutzraum, in dem ich bewusst Platz nehme, tief durchatme, mich spüre und bei mir selbst ankomme:

....

Manchmal haben wir
die Kraft,
„Ja" zum Leben zu sagen.
Dann kehrt
Ruhe in uns ein
und macht uns ganz.

— Ralph Waldo Emerson —

4. Emotionen achtsam wahrnehmen und annehmen

—

Freude und Traurigkeit, Vertrauen und Angst, Bewunderung und Neid, Verbundenheit und Ablehnung, Gelassenheit und Wut – so, wie der Schmetterling seine Flügel auf und nieder schlägt, um zu fliegen, verhält es sich auch mit dem Auf und Ab unserer Emotionen. Sie ergänzen sich gegenseitig und machen den Flug durchs Leben erst möglich. Mit jedem weiteren Flügelschlag trainieren sie unsere „Gefühlsmuskeln", stärken unsere emotionale Kraft.

Würdest du tagein, tagaus nur glückliche Momente erleben, wäre das Glück als solches nicht so deutlich erkennbar für dich. Stelle dir vor, es gäbe die Dunkelheit der Nacht nicht. Könntest du dich dann am Tageslicht erfreuen, an Sonnenaufgängen wie an Sonnenuntergängen?

Gäbe es keinen Regen, wäre das Farbenspiel des Regenbogens nicht möglich. Dieses kleine Wunder geschieht nur, weil Sonne und Regen nebeneinander bestehen dürfen.

Emotionen machen den Menschen
menschlich, das Leben lebendig.
Und jede Emotion ist okay!

Es ist okay, sich gelangweilt zu fühlen, auch wenn ein/-e Freund/-in gerade gestresst in der Arbeit sitzt.

Es ist okay, sich zu ärgern, dass etwas nicht geklappt hat, obwohl man so vieles anderes in seinem Leben hat, für das man gerade dankbar sein könnte.

Es ist okay, jetzt fröhlich über das freche Eichhörnchen zu schmunzeln, obwohl man eben noch weinte, weil die Katze verstorben ist.

Es ist okay, sich ängstlich zu fühlen, obwohl die Vernunft sagt, dass nichts passieren kann.

Emotionen brauchen keine Entschuldigung oder Rechtfertigung. Sie sind Ausdruck deiner Innenwelt. Sie sind Botschafter, die dich auf etwas hinweisen möchten, weil du es sonst im Trubel des Alltags vielleicht nicht bemerken würdest.

So, wie ein körperlicher Schmerz an den Füßen dir zeigen möchte, dass dein Körper eine Pause benötigt, möchten dich auch Emotionen zu einer Handlung motivieren – vielleicht eine nötige Veränderung in deinem Leben, eine Kursanpassung oder eine Pause zum Krafttanken und „Verdauen" des Erlebten? Oft weisen uns Emotionen auf eine Art Lücke in unserem Leben hin, zwischen dem, was ist, und dem, was „sein soll", z. B. ein Bedürfnis, das aktuell in deinem Leben zu kurz kommt, wie das Bedürfnis nach Kreativität, Nähe, Sinn, Freiheit oder Wertschätzung.

Wie also fühlst du dich gerade? Welche Emotion möchte genau jetzt von dir willkommen geheißen werden?

Emotionen sind immens vielseitig. Das „Rad der Emotionen" von Robert Plutchik hilft dir beim Orientieren.

DAS RAD DER EMOTIONEN

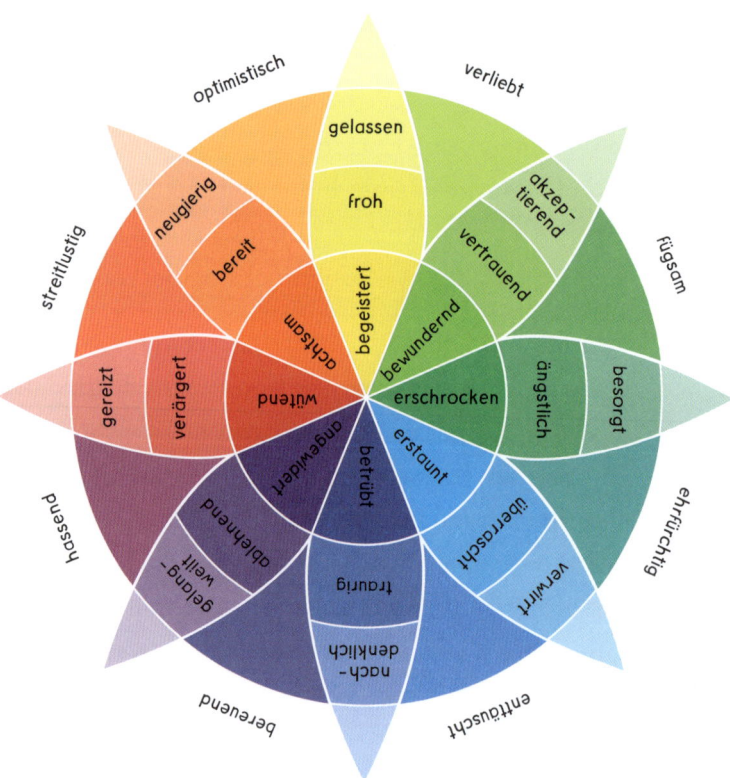

Bitte ergänze den folgenden Satz (mit einem Bleistift), indem du geduldig in dich hineinhörst. Eventuell stellst du dabei fest, dass gerade mehrere Emotionen gleichzeitig in dir vorherrschen. Lese deinen Satz anschließend bitte dreimal laut vor:

„Ich fühle mich gerade ...

....

....

... und das ist okay."

Es ist wichtig, mit „Ich fühle mich" zu beginnen anstatt „Ich bin", z. B. „Ich fühle mich traurig" statt „Ich bin traurig". Denn wenn du erkennst, dass es nur eine Emotion ist, hörst du auf, dir selbst eine Art Label aufzudrücken. Nicht DU bist die Wut, die Trauer, die Eifersucht, die Angst. Du nimmst diese Emotion lediglich wahr. Sie ist eine Gemütsverfassung, mit der du temporär auf etwas reagierst. Durch diesen Ausdruck kann sich etwas zeigen, das in deinem Inneren vorgeht.

Dank „Ich fühle mich ..." bekommst du also einen gewissen Abstand zu deinen Emotionen und identifizierst dich nicht mit ihnen.

Beobachte auch jetzt als neutraler Beobachter dein aktuelles Empfinden. Wo in deinem Körper kannst du es spüren (siehe Wohlbefinden-Check auf Seite 36)? Gib dieser Emotion Raum, auch wenn es sich gerade eher unangenehm anfühlt.

Es ist nicht verwunderlich, wenn du dich lieber auf eine angenehme Emotion konzentrieren magst. Denn ein Großteil der Menschen möchte unangenehme Emotionen am liebsten schnell wieder loswerden, anstatt sie zu fühlen. Dadurch baut sich jedoch ein Widerstand auf, der Kraft kostet – deutlich mehr Kraft als die Emotion an sich.

Hast du schon einmal versucht, einen Wasserball unter Wasser zu drücken? Das ist auf die Dauer anstrengend und meistens nicht lange von Erfolg gekrönt. Der Ball strebt immer wieder Richtung Wasseroberfläche, so sehr du auch darum kämpfst, ihn vollständig unter Wasser zu drücken.

Auch deine Emotionen zu unterdrücken, ermüdet mit der Zeit. Lässt du es jedoch zu, eine unangenehme Emotion wahrzunehmen, kann sie irgendwann weiterziehen. Du hast dann sprichwörtlich die Hände frei, um in eine Richtung deiner Wahl zu schwimmen. Der Wasserball ist vielleicht noch eine Zeit lang sichtbar, deine Emotion immer noch da, doch der Kampf dagegen bindet nicht mehr deine Lebenskraft.

ÜBUNG: Gedanken-Ventil

Deine Emotionen sind stark mit deinen Gedanken verknüpft. Vorangegangene Bewertungen von Situationen können Auslöser deiner Emotionen sein. Deine Emotionen können wiederum gedankliche Schlussfolgerungen nach sich ziehen, die deine Gefühlswelt zusätzlich durcheinanderbringen. Du bringst das Gedankenkarussell zum Stillstand, wenn du dir all deine Sorgen, Bedenken, Ärgernisse und sonstigen Gedanken allesamt aus deinem Kopf schreibst.

Suche dir einen ungestörten Schreibplatz. Nimm dort ein paar tiefe Atemzüge und spüre in deinen Körper hinein. Stelle dir nun einen Wecker und schreibe zehn Minuten am Stück, ohne den Stift abzusetzen – gern auch länger. Lass alles aus dir herausfließen und sei komplett ehrlich. Trau dich, alle Gedanken „auszusprechen", die du sonst vielleicht zurückhältst aus Angst, jemand könnte dich dafür verurteilen. Bei dieser Übung gibt es keinen Schiedsrichter, kein Optimistisch- oder Pessimistischsein, kein „richtig" oder „falsch" – alles darf sich zeigen und zu Papier gebracht werden.

Es geht nämlich auch nicht darum, das Geschriebene danach zu reflektieren oder irgendwelche Schlüsse daraus zu ziehen. Zerknülle das vollgeschriebene Blatt Papier stattdessen danach und wirf es direkt weg.

Dann setze dich wieder auf deinen Schreibplatz und nimm noch einmal für zwei Minuten deinen Körper wahr: Spürst du eine Art Leere in deinem Kopf, Weite im Herzen oder Leichtigkeit auf deinen Schultern? Auch wenn du körperlich keinen unmittelbaren Unterschied feststellst, kannst du der wertvollen Befreiungskraft dieser Übung vertrauen.

Variante mit einem Mitmenschen

Statt einem Blatt Papier kannst du deine Gedanken auch zehn Minuten lang komplett ungefiltert einer Vertrauens-person mitteilen. Wichtig hierbei: Dein/-e Übungspartner/-in soll deinen Gedanken lediglich Raum geben, achtsam hin-hören und dir damit ein Gefühl von Geborgenheit und Vertrauen vermitteln.

Bitte kläre sie/ihn vorher darüber auf, dass du dir keine Ratschläge wünschst und dass das Gesagte von deinem/-er Zuhörer/-in nicht gewertet werden soll. Nur so kannst du dich öffnen und all das herausfließen lassen, was Kopf und Herz gerade belastet.
Die Übung gleicht einem Ventil, das du öffnest, um einen Überdruck abzulassen. Dein/-e Übungspartner/-in sollte da-bei beachten, das „Abgeladene" nicht zum eigenen Thema zu machen, sich verantwortlich dafür zu fühlen oder gar mitzuleiden. Es ist daher sinnvoll, wenn es eine Vertrauens-person ist, die sich von deinen Emotionen und Gedanken deutlich abgrenzen kann – enge Familienmitglieder eigenen sich in der Regel weniger.

Und irgendwann ändern sich nicht die Dinge an sich, aber es ändert sich *die Bedeutung,* die wir ihnen geben.

— unbekannt —

5. Die Botschaften unangenehmer Emotionen

—

Kennst du das? Du bekommst eine Absage auf eine Jobbewerbung, dein Lieblingsrestaurant hat geschlossen oder alle Plätze für eine einmalige Fortbildung sind ausgebucht. Kurz darauf tut sich eine viel bessere Option auf und du bist fast froh, dass dein vorheriges Vorhaben nicht funktionierte.

Eine zunächst eher unangenehme Erfahrung wendet sich zum Guten, weil du das Gefühl bekommst: „Irgendwie hatte es doch seinen Sinn." Dadurch fällt es dir leichter, dieses Ereignis in seiner Gesamtheit zu akzeptieren und deinen Blick nun nach vorne zu richten, z. B. in Vorfreude auf das Neue, das du nun entdecken wirst.

Genau einen solchen Sinn haben auch deine Emotionen. Wenn sich diese Erkenntnis darüber in dir festigt, wird es dir leichter fallen, unangenehme Gemütszustände zu akzeptieren und offen zu sein für das, was sich daraus entwickeln wird.

Lass uns hinhören, was deine Emotionen dir zu sagen haben …

5.1 TRAURIGKEIT SORGT FÜR HEILSAMES INNEHALTEN

—

Traurigkeit, Bedauern und Herzschmerz lassen dich langsamer werden. Sie senken deinen Aktivitätslevel, da Körper, Geist und Seele – wie beim körperlichen Schmerz in den Knien nach einer langen Wanderung – eine Pause benötigen.

Trauer – sei es um den Verlust eines Menschen, eines Arbeitsplatzes oder der eigenen Gesundheit – braucht Zeit. Denn wenn du etwas verlierst oder gar nicht erst bekommst, was du dir wünschst, entsteht diese besagte, herzzerreißende Lücke. Es fehlt etwas. Irgendetwas ist nicht in Übereinstimmung mit deinen Bedürfnissen, Wünschen oder Werten. Du brauchst also Zeit, dich zu orientieren, zu sehen, wie es weitergeht, Alternativen zu entdecken und in dein Leben zu integrieren, bis nach und nach eine Art Normalität einkehren kann. Dies geschieht nicht über Nacht. Es ist ein Veränderungsprozess, für den du dich oft noch nicht einmal aus freien Stücken heraus entschieden hast.

Und so möchte dich deine Traurigkeit dazu ermutigen, dir Zeit für dich und deine (anderen) Bedürfnisse zu nehmen, Kraft zu tanken für neue Wege, die vor dir liegen, und Frieden zu schließen mit dem, was du nicht ändern kannst.

Fast immer wird deine Traurigkeit unbewusst von einem Umstand verstärkt, der zeitlich weit zurückliegt und dich schon in deiner Kindheit traurig gemacht hat. Da du dich erst mit der Zeit als eigenständiges Individuum begreifst, warst du als kleines Kind stark abhängig vom Mitgefühl deiner Bezugspersonen. Leider wird vielen Kindern eingeredet, es sei nicht angebracht oder übertrieben, so traurig zu sein, bloß wegen eines verlorenen Lieblingsspielzeugs oder einer abgesagten Geburtstagsfeier. „Ist doch nicht so schlimm", heißt es schnell. Die Erlebnisse in dieser sensiblen Zeit haben deinen heutigen Umgang mit Emotionen geprägt.

Hat sich dadurch in dir der Glaube gefestigt, es sei „verkehrt", traurig zu sein? Immer schön weg mit diesem Gefühl und dich hinter einer Maske verstecken?

Als Erwachsener kannst und darfst du diesen Glaubenssatz nun loslassen. Schenke dir selbst Verständnis und Mitgefühl, indem du deine Traurigkeit zulässt, sie liebevoll umarmst und durchlebst, bis sie weiterziehen und Platz für Neues machen möchte.

Hast du dich schon einmal wegen etwas traurig gefühlt, das heute einfach zum Leben gehört bzw. dich heute nicht mehr traurig macht? Wenn ja, was war das?

....

....

....

Was hat dir damals geholfen, gut für dich zu sorgen, deiner Traurigkeit Raum zu geben oder die „Lücke" zu schließen?

....

....

....

....

Was macht dich aktuell im Alltag manchmal/häufig traurig?

....

....

Was könntest du heute tun, um dir ebenso etwas Gutes zu tun? Lass dich von deinen damaligen „Strategien" (und den Anregungen ab Seite 125) inspirieren.

....

....

....

....

Ich kann nicht lange bleiben,
flüstert der Glücksmoment.
Aber ich lege dir
eine Erinnerung ins Herz.

— unbekannt —

5.2 ANGST SCHÜTZT DICH UND ERWEITERT DEINE KOMFORTZONE

——

Angst möchte dich vor einem Misserfolg und möglichen unangenehmen Folgen bewahren. Manchmal schützt sie sogar dein Leben oder das deiner Mitmenschen, weil sie dich auf mögliche Gefahren aufmerksam macht. Damit du Gefahrensituationen meistern kannst, stellt dein Körper als Reaktion auf deine Angst sofort Energie bereit. Diese ermöglicht es dir, blitzschnell in den „Angriff" überzugehen, um einer Situation aktiv entgegenzutreten, die „Flucht" zu ergreifen oder in einer „Schockstarre" zu verharren, um dich damit so unauffällig wie möglich zu verhalten.

Die hierfür freigesetzte Energie fühlt sich im Körper eher unangenehm an, sodass die meisten Menschen diese Emotion aus ihrem Leben verbannen möchten oder Angst vor der Angst entwickeln. Widerstand gegen die Angst verstärkt diese jedoch. Schlafstörungen, Blutdruckprobleme, Schwindel, die Meidung bestimmter Menschen oder Aktivitäten – die Folgen übermäßiger oder andauernder Angst können die Lebensqualität einschränken. Umso wichtiger ist es, sich den ursächlichen Sinn von Angst in Erinnerung zu rufen: Sie möchte dich für eine mögliche Reaktion wappnen und vor etwas schützen, das noch nicht zu deiner Realität gehört. In deinen Gedanken vermischen sich jedoch häufig reelle Gefahren mit selbst inszenierten dramatischen Folgen, die dich erwarten könnten.

Und obwohl diese potenziellen „Katastrophen" in den seltensten Fällen eintreten, bestimmen diese Gedanken dein Handeln.

Wäre es da nicht befreiend, zwischen tatsächlichen Gefahren und selbst kreierten Angstbildern bewusst unterscheiden zu können?

Dies gelingt dir leichter, wenn du aus deinem Kopfkino aussteigst und mutig in deinen Körper hineinspürst. Nimm das wahr, was in diesem Moment in der Realität passiert, nämlich die Reaktion deines Körpers. Angst möchte gefühlt werden. Wenn du dich dagegen wehrst, kommt die freigesetzte Energie in deinem Körper ins Stocken. Dein Körper reagiert mit den typischen Angstsymptomen, damit du ihm und der konkreten angstauslösenden Situation deine Aufmerksamkeit schenkst, damit du auf dich achtgibst, der Situation entsprechend handelst und danach vielleicht mutiger bist als zuvor.

Angst hat nämlich durch das Überwinden bestimmter Hindernisse auch das Potenzial, dein persönliches Wachstum zu fördern. Bewältigst du eine Situation trotz deiner anfänglichen Bedenken, lässt dies nachträglich dein Selbstvertrauen anwachsen. Es könnte sich ein Lebensumstand zum Positiven verändern oder du eignest dir beim Meistern neue Fähigkeiten an. Dies setzt voraus, dass du selbst Einfluss nehmen kannst auf einen Angstauslöser, z. B. indem du bei deinem Geburtstag trotz starker Nervosität eine Rede hältst, ein Bewerbungsgespräch oder eine Prüfung durchziehst oder den Umzug in eine neue Umgebung wagst.

Es gibt jedoch auch Situationen, die du zum Großteil nicht selbst beeinflussen kannst, wie z. B. den Verlauf oder Ausgang einer ernst zu nehmenden Krankheitsdiagnose oder die wirtschaftliche Entwicklung deines Arbeitsgebers. Dies aktiviert das Angstzentrum deines Gehirns besonders stark, wenn du bereits ähnliche schlechte Erfahrungen gemacht hast oder davon hörst, dass irgendjemand unter den Folgen solch eines Schicksalsschlages schwer zu leiden hatte.

Es ist daher wichtig, deinen eigenen Informationsfilter so zu setzen, dass du dich mit unnötigen Angstverstärkern aus deinem Umfeld oder den Medien nicht zusätzlich belastest. Befeuere deine Angst nicht mit Schreckgespenstern, die mit hoher Wahrscheinlichkeit nicht Teil deines eigenen Lebens werden.

Gib deiner Angst stattdessen ein konkretes Gesicht und unterteile deine Gedanken in Realität und Kopfkino. Stell dir vor, ein kleines Kind würde sich nachts ängstigen, weil es ein komisches Geräusch vor seinem Fenster hört. Es reimt sich die wildesten Sachen zusammen: Ist es ein Einbrecher, ein Gespenst, ein wildes Tier, das mich gleich frisst? Hilf ihm aus diesem Gruselfilm auszusteigen, indem du erst dem Knarzen und Knirschen aufmerksam lauschst, die Angst des Kindes nicht abtust, sondern ernst nimmst und dann nachsiehst, was sich hinter dem Angstauslöser tatsächlich verbirgt.

Tue dasselbe für dich ...

ÜBUNG: Der Angst Raum geben

Richte deine Aufmerksamkeit auf deinen Köper und nimm wahr, welche Empfindungen durch Angst oder Nervosität gerade in dir ausgelöst werden – Enge, Anspannung, Schwere, Druck, Unruhe? Wo genau ist dies spürbar: auf deinen Schultern, im Kopf, Bauch, Herzen oder Nacken? Atme bewusst tief ein und aus und lass diese Körpergefühle da sein als Botschafter deiner Innenwelt.

Mache nun den Bereich in deinem Körper aus, in dem sich die Angst am stärksten festgesetzt hat und atme etwa fünf Minuten lang bewusst dorthin. Gib der Angst Raum, da zu sein. Schenke ihr widerstandslos deine Aufmerksamkeit und dein Mitgefühl. Sie möchte dich schützen, nicht schwächen. Erst der Widerstand gegen deine unangenehmen Körperwahrnehmungen und Emotionen macht dich kraftlos. Du bist der Angst jedoch nicht hilflos ausgeliefert. Du kannst ihre freigesetzte Energie wahrnehmen, annehmen und auf diese Weise wieder in Fluss bringen, anstatt dich von ihr lähmen zu lassen.

Beende diese Übung, indem du den Rest deines Körpers wieder bewusst wahrnimmst. Kreise mit deinen Füßen und Schultern, schüttle deine Hände aus und komme mit deiner Aufmerksamkeit wieder bewusst an dem Ort an, wo du dich gerade befindest.

Eines ist gewiss: Wenn du dich – nach Abwägung der reellen Gefahren – von deiner Angst nicht aufhalten lässt, wirst du langfristig mit einer Portion Vertrauen und Gelassenheit beschenkt. Selbst wenn dein Vorhaben kein voller Erfolg ist, wirst du spüren, dass du durch das Überwinden deiner Bedenken deine geliebte Komfortzone erweitert hast. Jedes Mal, wenn du etwas tust, bei dem du dich aufgrund von Angst nicht in voller Sicherheit wiegst, beweist du Mut und Willen, dich weiter zu entfalten, „deine Schmetterlingsflügel auszubreiten" und das Leben in all seinen Facetten kennen- zulernen. Darauf kannst du stolz sein!

Wie würde dein Leben aussehen oder was würdest du tun, wenn du dich von deiner aktuellen Angst nicht aufhalten lassen würdest?

....

....

....

....

Und wie würde sich dieser Umstand in dir anfühlen – körper- lich und emotional? Schließe deine Augen und stelle dir vor, du hast dein Vorhaben bereits erfolgreich gemeistert. Koste alle Gefühle und Emotionen voll aus, die diese Imaginations- übung in dir hervorruft.

TRICKKISTE:

Hast du ein „Mut-Vorbild"? Bestimmt gibt es in deinem unmittelbaren Umfeld eine Person, die du dafür bewunderst, was sie tut – vielleicht einen Nachbarn, der Fallschirm springt, eine Kollegin, die nebenbei auf Hochzeiten singt, oder einen Freund, der sich gerade mit seiner Passion selbstständig gemacht hat?

Wenn du denkst, es wäre ein Klacks für diese Person, da es so „leicht" aussieht, irrst du dich gewaltig. Fast alle Menschen spüren einen gewissen Widerstand, wenn sie etwas zum ersten Mal tun. Selbst wenn sich Vorfreude ausbreitet und man sich freiwillig für etwas entscheidet, gibt es einen angeborenen, natürlichen Respekt vor Neuem und Unvorhersehbarem.

Tausche dich mit dieser Person noch diese Woche über diese „mutige Aktivität" aus. Zeige deine ehrliche Bewunderung und lass dich mit persönlichen Geschichten dazu inspirieren, deinen eigenen Weg zu gehen. Du wirst sehen: Alle Menschen, die etwas erfolgreich durchziehen, hatten ihre Bedenken und Missgeschicke ebenso wie ihre Wünsche und inneren Visionen, die sie ermutigten, dafür loszugehen und nicht aufzugeben.

Mut ist
nicht die Abwesenheit
von Angst,
sondern vielmehr
die Erkenntnis, dass
etwas wichtiger ist
als die Angst.

— Eleonor Roosevelt —

5.3 WUT SCHÜTZT UND MOTIVIERT DICH

—

Im Gegensatz zur eher „lähmenden" Traurigkeit aktivieren Wut, Zorn oder Ärger deinen gesamten Körper – nicht nur deine Stirnfalten.

Allein durch deinen Gesichtsausdruck signalisiert dein Körper eine Art Kampfbereitschaft, die in Zeiten von „Fressen-und-gefressen-Werden" manchmal einen kräftezehrenden Kampf verhinderte. Und auch heute werden deine Mitmenschen dank deiner körperlichen Reaktionen darauf aufmerksam gemacht, dass du gerade keinem zarten Falter, sondern eher einer respekteinflößenden Hornisse gleichst.

Wut macht deinen Mitmenschen manchmal vielleicht Angst, sie kann dir im Gegenzug aber auch dazu verhelfen, deine eigenen Grenzen zu überwinden. Sie löst die Starre deiner Angst und treibt dich damit an, für dich und deine Werte einzustehen. Richtig kanalisiert kann dich diese Emotion antreiben, Lösungen für Probleme zu suchen und zu finden.

Schäme dich also nicht für deine Wut. Es ist wichtig, sie nicht zu unterdrücken. Sie steht dir ebenso zu, wie Schmetterlinge im Bauch oder Tränen in den Augen dir zustehen. Das heißt jedoch nicht, deiner Wut ungefiltert freien Lauf zu lassen. Nimm sie stattdessen in dir wahr, warte 90 Sekunden, bis ihre Intensität abflaut, und versuche dann, ihre Botschaft zu verstehen.

Dabei gilt es, wachsam zu sein, wer oder was der wahre Grund für deine Wut ist, damit sie sich nicht an einem Unschuldigen entlädt. Häufig wird aufgestaute Wut nämlich an denen ausgelassen, die das Fass mit einer Kleinigkeit zum Überlaufen bringen, z. B. wird der Partner mit einem lautstarken Wutanfall zurechtgewiesen, wenn etwas nicht nach den eigenen Vorstellungen verläuft oder ein kleines Missgeschick passiert. Die ständig nörgelnde, unfaire Kollegin aber wird davon verschont, da man in der Arbeit ja schließlich nicht ausflippen darf, obwohl sie der wahre Grund für den inneren Unmut ist.

Es könnte jedoch auch sein, dass der wahre Auslöser für diese temperamentvolle Reaktion bereits viele Jahre zurückliegt und bestimmte Menschen deine damalige Wut lediglich reaktivieren. Ihre Persönlichkeit oder ihr Verhalten erinnert dich vielleicht an diesen Menschen aus der Vergangenheit – an deinen Vater, deine Mutter, einen ehemaligen Chef? Wenn du dich hier angesprochen fühlst, blättere gern auf Seite 113 und finde heraus, wie du durch Vergebung diese Verknüpfung (zum Teil) auflösen kannst – eine wahre Befreiung für dich und dein heutiges Umfeld.

Wut sollte also in erster Linie zu dir selbst sprechen, dich selbst wachrütteln. Wenn dein System wieder etwas heruntergefahren ist, möchte dich diese Erfahrung dazu bewegen, mit klarem Kopf eine Situation zu klären, die dir nicht guttut. Wenn du ins Handeln kommst und solch einen Missstand selbstwirksam veränderst, wird sich dein Wutlevel nachhaltig absenken.

Da Wut in unserer heutigen Gesellschaft ein eher unbeliebter Gast ist, gehen viele Menschen ihrer Wut jedoch nicht auf den Grund und unterdrücken sie lieber. Wie ist das bei dir?

Du kannst regelrecht verlernen, wütend zu sein. Statt eine innere, in der Situation angebrachte Körperaktivierung zu erfahren, verfällst du bspw. in eine eher deaktivierende Traurigkeit oder Scham, die die Situation nicht auflösen kann, weil ihr die Energie dafür fehlt. Diesen blockierenden Energiemangel kannst du Schritt für Schritt auflösen, indem du deiner Wut wieder den Raum gibst, den sie benötigt. Die folgenden Fragen helfen dir dabei, wieder in Kontakt mit ihr zu kommen. Schreibe im Anschluss bitte deine persönlichen Gedanken hierzu auf:

- Gibt es in deinem Alltag Situationen, in denen du wütend bist?
- Wer oder was ist der wahre Verursacher deiner Wut?
- Wie fühlt sich Wut in deinem Körper an?
- Wie drückt sich Wut in deinem Handeln oder deinen Worten aus?
- Gestehst du dir wirklich zu, wütend zu sein?
- Kippt deine Wut schnell in eine andere Emotion um? Schämst du dich z. B. dafür, wütend zu sein, oder bist direkt traurig über eine Situation?
- Wenn ja, woran könnte das liegen?

❧ In welchen Situationen würde dir ein wenig Wut gut-tun, um Energie für Lösungen bereitzustellen?

❧ Wie empfindest du Wut bei anderen? Ängstigt dich dieser Gefühlsausdruck?

❧ Welche „Wut-Vorbilder" hattest du? Waren deine Mutter oder dein Vater selten/oft wütend? Wenn ja, wie hat sich diese Wut ausgedrückt?

❧ Was möchtest du im Umgang mit deiner eignen Wut gern verändern?

....

....

....

....

....

....

....

Wenn du möchtest, schreibe deine Wut, die eine bestimmte Situation in dir auslöst, direkt und unverblümt auf ein Blatt Papier (siehe Übung „Gedanken-Ventil" Seite 49). Lass sie da sein, ungezügelt, frei, stark oder schwach, berechtigt oder unfair – ganz egal! Welche Gedanken auch immer deine Wut begleiten, sie schreien so lange nach deiner Aufmerksamkeit, bis du ihnen zuhörst. Denn noch einmal: Wut ist ein wichtiger Bestandteil deiner Gefühlswelt und hat ihren berechtigten Platz.

5.4 SCHAM ZEIGT EINSICHT UND WEIST DIR DEN WEG

—

Scham ist eine Emotion, die sich körperlich sowohl nach innen als auch nach außen deutlich zeigt und sich dank rotem Kopf, gesenktem Blick und eingezogenen Schultern kaum vor anderen verstecken lässt. Genau das sollte sie auch nicht. Laut wissenschaftlichen Studien wirken Menschen, die sich nach einem Malheur augenscheinlich schämen, nämlich deutlich sympathischer als Menschen, denen es egal zu sein scheint. Ungeschicktes Verhalten wird dadurch leichter verziehen, da die Scham deutlich macht: „Ich habe meinen Fehler bereits selbst erkannt. Das war kein Vorsatz, entschuldige mein Verhalten."

Evolutionär gesehen hatte der Ausdruck von Scham somit sogar Überlebensvorteile. Die körperlich erkennbare Reue konnte einen Missetäter vor einer Strafe oder gar dem Ausschluss aus einer überlebenswichtigen Gemeinschaft bewahren.

U. a. auch deswegen, weil die meisten Menschen aus Angst vor Scham gar nicht erst auf die Idee kommen, sich in brenzliche oder unangebrachte Situationen zu begeben. Unsere eigene Intimität wird auf diese Weise ebenso vorsorglich geschützt.

Heutzutage ist es jedoch nicht nur die versäumte Verabredung, das unauffindbare Ticket in der Bahn oder das unwillkürliche Bauchgrummeln während eines Geschäftstermins, was uns erröten lässt. Es hat sich ein permanentes unterschwelliges „Ich bin nicht genug!" in unsere moderne Gesellschaft eingeschlichen.

Nicht belastbar genug, nicht kompetent genug, nicht gelassen genug, nicht schnell genug, nicht schön genug, nicht ökologisch genug – kommt dir das bekannt vor?

Alle Aussagen drücken aus: „So, wie ich bin, bin ich nicht ‚richtig' – und hoffentlich findet das niemand heraus!" Solche Selbstgespräche erzeugen ein Gefühl von Angst, Machtlosigkeit, Ausgegrenztheit und Ablehnung. Sie können dich entmutigen und vielleicht sogar wütend auf dich selbst machen. Scham tritt oft eine Lawine von weiteren Emotionen los und lenkt somit von der Ausgangsproblematik ab.

Sie tarnt sich auf gewisse Weise und verliert dadurch ihren eigentlichen Zweck. Doch wenn du genau hinspürst, kannst du sie entlarven und für dich nutzen. Du erkennst dann deutlich, wo du dich kleiner machst, als du bist, und welche Glaubenssätze dich im Leben davon abhalten, deine wahre Größe zu leben.

Bist du der Meinung, du bist in irgendeinem Bereich deines Lebens „nicht genug"? Dann ergänze diesen Satz bitte:

Ich bin nicht .... genug.

Was macht dieser Gedanke mit dir? Wie fühlt sich diese Aussage körperlich und emotional an?

....

....

....

....

....

....

Lass uns erforschen, was der Grund für diese Annahme ist: Kennst du dieses Gefühl aus deiner Vergangenheit? Hattest du in der Kindheit ein Vorkommnis, bei dem dir jemand vorgehalten hat, nicht gut genug zu sein? Hattest du ein einprägsames Erlebnis, bei dem du dich geschämt hast, weil du z. B. vermeintlich nicht sportlich genug warst, um in das Völkerball-Team gewählt zu werden, oder vermeintlich nicht schlau genug, um genauso gute Noten zu schreiben wie dein Bruder oder deine Schwester?

Welche vergangene Erfahrung hat sich in dein Herz gebrannt? Lass dir ruhig ein wenig Zeit dafür und lasse es zu, wenn sich der Schmerz darüber jetzt noch einmal zeigen möchte. Er wurde mit Sicherheit schon oft genug von dir weggeschickt. Jetzt dürfen alle Emotionen zum Vorschein kommen, die mit diesem Erlebnis verknüpft sind.

....

....

....

....

....

....

....

....

....

Wie sieht es heute aus: Du bist deiner Meinung nach
„nicht ... genug" – doch wofür? Was ist aktuell vermeintlich nicht möglich deswegen? Wo boykottiert der Glaube,
„nicht ... genug" zu sein, dein aktuelles Leben? Wo lässt du
dich durch deine unterschwellige Scham ausbremsen
(z. B. bei beruflichen Zielen, Hobbies, zwischenmenschlichen
Beziehungen etc.)?

....

....

....

Woher weißt du, dass es tatsächlich nicht möglich ist, das zu
tun als der Mensch, der du heute bist?

Könnte es sein, dass die Annahme „Ich bin nicht ... genug,
um dies oder jenes zu tun", falsch ist?

Wenn du dir nicht 100%ig sicher bist, dass es tatsächlich
unmöglich ist, frage dich: „Ist mein Wunsch es wert, dafür
loszugehen und es dennoch zu wagen?"

**Lass dich nicht aufhalten und gehe
deinen Weg. Denn weißt du noch?
Du bist stärker, als du glaubst.**

Erlaube niemandem,
dir dein Strahlen zu nehmen
– auch nicht dir selbst ...
*Du bist wunderbar,
du bist genug!*

— Karima Stockmann —

6. Wenn Emotionen zu Leid werden

—

Emotionen sind also persönliche Botschafter und wichtige Helfer, die dich auf einen Missstand, auf eine schmerzliche Veränderung oder Lücke in deinem Leben hinweisen möchten. Trotz dieser Erkenntnis wirst du die Auslöser für deine Emotionen wahrscheinlich nicht unbedingt gutheißen. Doch wenn du mit deinen Emotionen an sich Frieden schließt, wenn du Wut, Ärger, Angst und Scham mit offenen Armen in Empfang nimmst, anstatt dich vor ihnen zu verstecken, wirst du weniger unter den Herausforderungen deines Lebens leiden. Dies ist eine lebensverändernde Befreiung.

Denn es gibt einen riesengroßen Unterschied zwischen „Leid" und „Schmerz".

Ein „Schmerz" – körperlich wie emotional – passiert einfach. Er ist plötzlich da und fordert deine Aufmerksamkeit ein. Er lässt dich handeln, um seine Intensität aktiv abzumildern. Schmerz ist eine natürliche, automatische Reaktion auf einen auslösenden Reiz, z. B. das Stechen, Ziehen oder Brennen, das du verspürst, wenn du dir beim Kochen oder Handwerken versehentlich in den Finger schneidest. Durch den Schmerz, den du verspürst, zuckst du sofort zurück und verhinderst dadurch meist Schlimmeres.

„Leid" tut auch weh – und kostet dabei auch noch immens viel Kraft! Denn zu leiden nimmt ebenso deine Aufmerksamkeit in Beschlag, ohne jedoch an der auslösenden Situation etwas zu verändern. Im Gegenteil, Leid bewirkt meist, dass wir im Schmerz gefangen bleiben oder gar nicht bemerken, dass der ursächliche Schmerz vielleicht schon verflogen ist. Es ist also deine persönliche Reaktion auf den Schmerz – nicht auf den Auslöser. Als hättest du dich in den Finger geschnitten und würdest diese Wunde nun immer wieder aufziehen, daran herumdrücken und ununterbrochen bedauern, dass dir dieses Missgeschick passiert ist.

Vor allem deine Gedanken können den Heilungsprozess von emotionalen Wunden boykottieren. Sie hängen in einer unvorhersehbaren Zukunft oder einer unveränderbaren Vergangenheit. Sie malen sich die schlimmsten Szenarien aus, entfachen Wut gegen dich selbst oder suchen nach einem Schuldigen, um dich selbst von Schuld zu befreien:

„Warum hast du auch das Messer geschärft, ohne es mir zu sagen!" „Warum passiert immer mir so was Blödes?!" „Was, wenn sich die Wunde entzündet, dann kann ich wochenlang nicht Gitarre spielen/nicht stricken/nicht schwimmen gehen/ nicht abwaschen!"

Auf gewisse Weise ist Leid das Gegenteil von Akzeptanz, von „es gut sein lassen", vom Hinnehmen, wie es ist. Es verhindert, dass du dich liebevoll um den Schmerz kümmerst – deine Schnittwunde reinigst, desinfizierst und vielleicht ein Pflaster darauf klebst, damit alles in Ruhe heilen kann.

Im Alltag erfährst du viele kleine Auslöser für emotionalen Schmerz wie Ärger, Wut, Trauer oder Scham, z. B. weil dich im Supermarkt oder Bus jemand beschimpft, nur weil du ein wenig im Weg stehst. Du bist dann vielleicht sauer, fühlst dich ungerecht behandelt oder eher beschämt, weil plötzlich alle vorwurfsvoll in deine Richtung blicken.

Jegliche Emotion, die sich dann zeigt, ist okay und wertvoll, weil sie dich ja zum Zeitpunkt des Geschehens dazu bewegen will, innerhalb dieser Situation zu reagieren oder sie zu verlassen. Wenn diese unangenehme Alltagssituation vorüber ist, neigen jedoch viele Menschen dazu, sich selbst ständig „den Finger in die Wunde zu legen", indem sie ins Grübeln verfallen, sich die Geschichte gedanklich noch 1000-mal selbst erzählen und vielleicht auch in der Arbeit, zu Hause oder am Telefon immer und immer wieder davon berichten.

Natürlich ist es sinnvoll, sich seinen Kummer von der Seele zu reden. Doch die Gefahr ist groß, in eine Art Dauerjammer-Zustand zu verfallen. Der Schmerz wird dadurch nicht entlassen, sondern gefangen und verstärkt.

Übermäßige Scham oder Angst kann dich dann lähmen und daran hindern, deinen Lebensweg fortzusetzen, weil du es bspw. einfach nicht schaffst, zu einer Prüfung oder einem wichtigen Gespräch anzutreten. Trauer kann in sehr starker Intensität zur Resignation führen. Du fühlst dich antriebslos und dein Blick für Kraftquellen in dieser herausfordernden Zeit ist versperrt. Wut kann zwischenmenschliche Beziehungen belasten oder gar entzweien, wenn sie komplett ungezügelt wie ein Vulkan aus dir herausbricht.

Die folgenden Seiten zeigen dir, wie du verhinderst, dass sich Emotionen zu solch leidbehafteten Überreaktionen aufbauen. Wenn dich eine herausfordernde Situation stark belastet, kannst du zunächst auch überprüfen, ob du gerade eine Emotion – als Reaktion auf die Situation – spürst oder ob du darunter leidest, weil du die Situation nicht abschließen kannst und gedanklich darin hängen geblieben bist. Wenn du das tust, frage dich:

Habe ich der ursächlichen Emotion genügend Raum gegeben? Habe ich den „Botschafter" sprechen lassen und zugehört, was mir diese Emotion sagen wollte?

Vielleicht darfst du dich ihr noch einmal bewusst widmen, um sie dann loslassen zu können.

Manchmal klebt solch ein emotionaler Schmerz jedoch an dir wie Honig. Egal wie viel Aufmerksamkeit du ihm auch schenkst, dieses ungute Gefühl in dir will einfach nicht weiterziehen? Keine Sorge, wir aktivieren nun wieder den Forschermodus und suchen im nächsten Kapitel noch ein Stückchen tiefer nach möglichen Ursachen und Lösungen für emotionale Dauerbelastungen. Lass uns genauer hinsehen, welche Faktoren deinen Schmerz zusätzlich in Leid verwandeln. Wann wird aus einer „unkomplizierten, emotionalen Schnittwunde" ein „nicht heilen wollender Krafträuber" und wie kannst du aus dieser Abwärtsspirale aussteigen? Wie wird das Leben wieder leichter und freudiger?

TRICKKISTE: Emotions-Wippe für durchgehend herausfordernde Tage:

Wenn du das Gefühl hast, dich gar nicht mehr aus einer unangenehmen Emotion lösen zu können, erschaffe dir über den Tag verteilt kleine Erfolgserlebnisse mit Aktivitäten, die für dich nur eine geringe Umsetzungsschwelle haben. Das tut gut, weil es deinem Tag zusätzlich einen Sinn verleiht. Die dadurch ausgelöste angenehmere Emotion lässt dich kurz durchatmen. Sie stärkt dein Vertrauen darin, dass es da neben Traurigkeit, Nervosität, Gereiztheit & Co. auch noch anderes in deinem Leben gibt. Hier ein paar Ideen für Mikro-Erfolge:

z. B. einen Knopf annähen, einen versäumten Geburtstagsanruf nachholen, einen anstehenden (Vorsorge-) Termin vereinbaren, Handtasche, Werkzeugkoffer oder Gewürzschublade ausmisten, Lebensmittel einkaufen, den Schreibtisch aufräumen, ein Peeling machen, auf dem Smartphone Fotos aussortieren oder Alben anlegen, Unkraut jäten etc. – welche kleinen Erfolgserlebnisse könntest du dir heute kreieren?

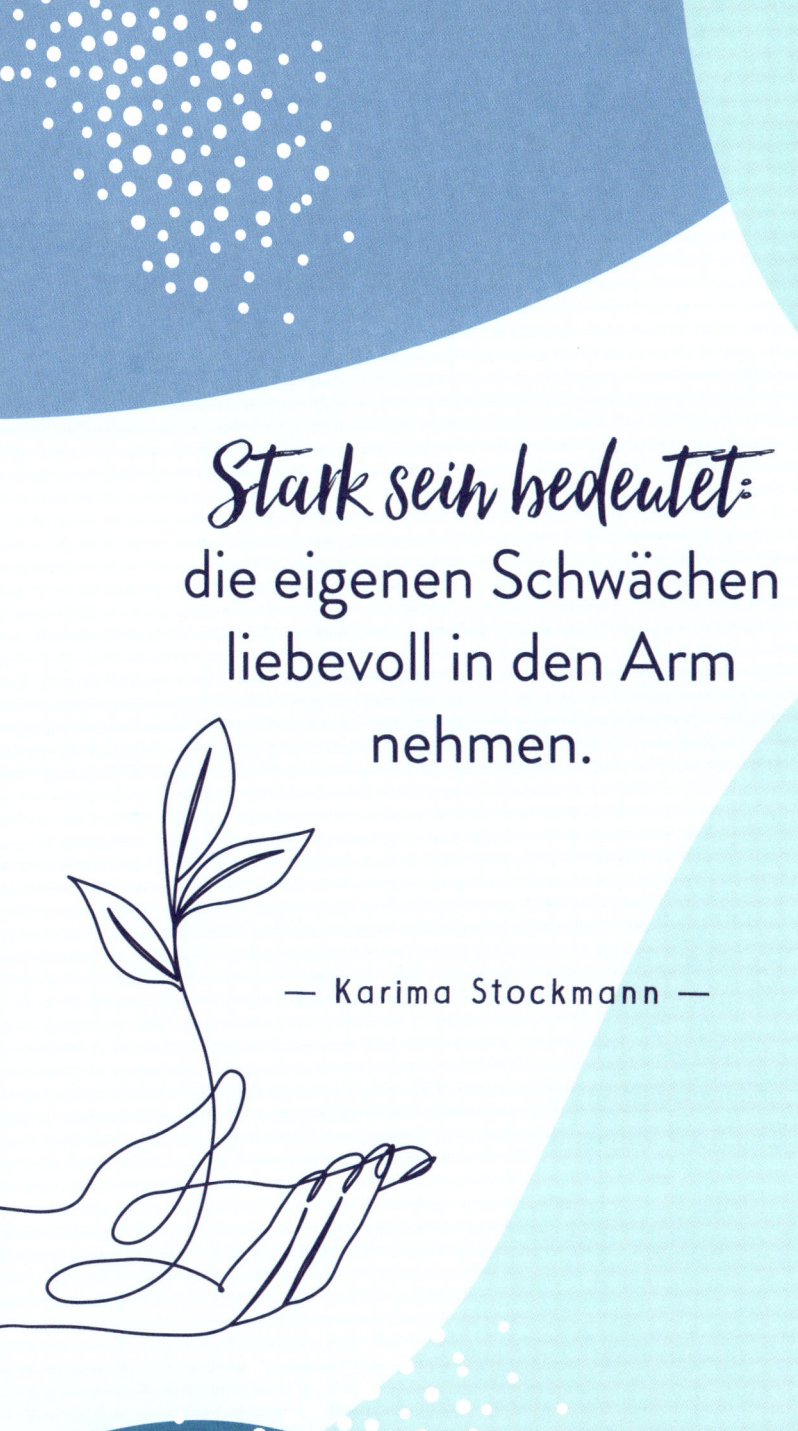

Stark sein bedeutet:
die eigenen Schwächen
liebevoll in den Arm
nehmen.

— Karima Stockmann —

7. Befreit von Leid in die Kraft kommen

A – ABLEHNUNG
U – UNSICHERHEIT
A – ANHAFTUNG

„Aua" sagt ein Kind, wenn es vom Spielkameraden gezwickt wird. AUA – Ablehnung, Unsicherheit und Anhaftung – sind es, die uns als Erwachsene ganz schön piesacken und die nicht nur schmerzen, sondern uns vor allem leiden lassen. Wenn wir uns dieser Quellen für Leid bewusst werden, können wir uns eigenverantwortlich Stück für Stück davon lösen und immer besser davor schützen – wie ein Schmetterling, der widerstandsfähig gegen Schädlinge wird.

Denn Ablehnung, Unsicherheit und Anhaftung gleichen Parasiten, die ein Lebewesen – ob Mensch, Tier oder Pflanze – befallen, um sich davon zu nähren. Sie schwächen ihren „Wirt" und bringen ihm keinerlei Vorteile. Auch dir rauben sie Kraft und im Gegensatz zum sinnvollen Facettenreichtum deiner Emotionen brauchst du sie nicht für ein erfülltes Leben.

Wie also befreist du dich von Ablehnung, Unsicherheit und Anhaftung – und was bedeuten diese Begriffe überhaupt?

7.1 AUA – ABLEHNUNG

Du erhältst auf eine Bewerbung keine Zusage, dein Verhalten oder Aussehen wird kritisiert, ein Treffen mit jemandem, der dir wichtig ist, wird ohne ersichtlichen Grund abgesagt oder deine Verabredung lässt ewig auf sich warten?

Ablehnung hat viele Gesichter. Sie kann bewirken, dass du dich klein, schwach, ungesehen, ungeliebt, nicht gut genug fühlst. Es kann passieren, dass du deinen gesamten Wert an dieser einen Situation oder Meinung bemisst (siehe Kapitel 5.4 über Scham). Erinnere dich daran, du bist so viel mehr als das:

Du bist einzigartig und „genau richtig" so, wie du bist!

Viel zu oft vergisst du das. Das Grundproblem von ablehnenden Worten und Taten ist, dass sie schnell persönlich genommen werden. Wenn dich jemand kritisiert oder sich nicht an eine Abmachung hält, vermutest du vielleicht im Affekt, dass du insgesamt als Person den Vorstellungen deines Gegenübers nicht entsprichst. Du fühlst dich in deinem eigenen Glaubenssatz bestätigt, dass du, so wie du bist, eben einfach nicht gut genug bist.

Doch wenn bspw. jemand über deinen Kleidungsstil meckert oder dir mitteilt, dass du beim Reden nuschelst, lehnt er nicht DICH ab. Ihr unterscheidet euch lediglich in einer Facette eures Geschmacks, eures Verhaltens oder eurer Persönlichkeit.

Wenn du z. B. eine Jobabsage erhältst, könnte es sein, dass du dich mit den Personalverantwortlichen privat super verstehen würdest. Für die ausgeschriebene Stelle kommst du jedoch nicht infrage, weil dir vielleicht eine wichtige Sprachkenntnis fehlt. Die Absage kann bewirken, dass du plötzlich deine berufliche Kompetenz anzweifelst oder dass du dir Selbstvorwürfe hinsichtlich deiner introvertierten bzw. extrovertierten Persönlichkeit machst. Du stellst dich selbst oder dein Vorhaben komplett infrage und reimst dir in Gedanken etwas zusammen, das überhaupt keinen Wahrheitswert hat. Ablehnung ist nämlich oft an Unwissenheit und Unsicherheit gekoppelt. Das beleuchten wir im nächsten Schritt näher.

Doch selbst wenn sich durch Rückfragen herausstellt, dass dein Gegenüber tatsächlich die eine oder andere Facette von dir aus seiner Warte aus betrachtet „nicht gut" findet, ändert das nichts an der wichtigsten Tatsache:

Du als Mensch bist super so, wie du bist, und du brauchst nicht jedem zu gefallen.

Es wäre unglaublich unfair, von dir selbst zu erwarten, jeglichen Vorstellungen von fast acht Milliarden Menschen auf diesem Planeten zu entsprechen, oder? Jeder Mensch ist ein Individuum, hat unterschiedliche Leitwerte, Vorlieben, Prioritäten und vor allem seine ganz persönliche, turbulente Lebensgeschichte.

Und so ist eine wichtige Glückszutat für ein zufriedenes Leben definitiv folgende:

Übe dich in Zufriedenheit mit dir selbst. Du brauchst keinem Idealbild – weder deinem eigenen noch dem deiner Mitmenschen – hinterherzujagen, um liebenswert zu sein.

Sei mitfühlend mit dir selbst und dem Weg, den du bis hierher gegangen bist. Lehne deine eigenen, vermeintlichen Schwächen nicht selbst ab, sondern sieh sie als ganz persönlichen, individuellen Teil von dir, der dich einzigartig macht in diesem Seelenmeer.

Ablehnende Gesten oder Worte deiner Mitmenschen können dich nur verletzen, wenn du dich selbst anzweifelst.

Akzeptanz und Wertschätzung dir selbst gegenüber ist trainierbar. Die anschließende Übung hilft dir dabei und lässt dich damit widerstandsfähiger dem Verhalten deiner Mitmenschen gegenüber werden.

Doch wenn dir ein Mensch dauerhaft nicht guttut, weil er es einfach nicht lassen kann, an dir herumzunörgeln, oder er dich immer wieder dazu bringt, an dir selbst zu zweifeln, dann befreie dich von dieser kraftraubenden Gesellschaft. Denk daran: Du bist ein wundervoller Schmetterling, kein Stein! Du kannst dich bewegen und dorthin flattern, wo du dich wohler fühlst. Sei also wachsam, welche Emotionen bestimmte Menschen in dir auslösen, und frage dich selbstschützend: Wozu wollen mich diese Emotionen motivieren?

Ja, aber …

Hast du in dir jetzt direkt ein „Ja, aber das geht nicht so leicht, weil …" gehört? Dann frag dich, ob du ganz, ganz sicher bist, dass dieser Einwand eine Veränderung unmöglich macht. Hast du es bereits mehrfach ausprobiert? Oder scheust du dich vor möglichen Konsequenzen? Richte deinen Blick nicht auf das Fangnetz aus Einwänden, das dich als Schmetterling in dieser Situation gefangen hält, sondern auf das Schlupfloch, das dir den Weg in die Freiheit ermöglicht:

Wie kannst du selbst deine Situation verändern? Wie kannst du ein neues Umfeld wählen?
Wie kannst du gut auf dich achten und dich selbst jeden Tag mehr in dein Herz schließen?

ÜBUNG: Deine „unsichtbare" Erfolgsliste

Damit ist nicht gemeint, dass deine Liste unsichtbar ist. Es geht darum, Erfolge aufzuschreiben, die auf den ersten Blick nicht offensichtlich sind – Erfolge, die du nicht erzielt hast, um dich selbst aufzuwerten oder um jemanden damit zu beeindrucken. Denn das brauchst du nicht. Du brauchst keine Zertifikate, beruflichen Erfolge, sportlichen Bestplatzierungen, öffentlichen Lobeshymnen oder bestimmten Körpermaße, um anerkannt zu werden. Du bist so viel mehr als das, was ein anderer von außen wahrnehmen kann.

Vielleicht ist dir nicht bewusst, dass dein „unsichtbares Erfolgskonto" vor allem über die vielen kleinen Gesten des Alltags stets weiter anwächst: Was hast du bspw. irgendwann einmal getan, das für dich, einen Mitmenschen oder dein Umfeld auf irgendeine Weise einen Mehrwert hatte? Wodurch hast du bewirkt, dass sich jemand gut oder besser fühlte?

Hast du z. B. einem Kind dabei geholfen, sich auf sein Referat vorzubereiten? Hast du deiner Nachbarin ein offenes Ohr geschenkt, um über den Verlust ihres Mannes zu sprechen? Hast du deinem Physiotherapeuten schon mal eine kleine Anerkennung zum Dank mitgebracht? Hast du der Umwelt zuliebe schon einmal fremden Müll eingesammelt? Oder kümmerst du dich liebevoll und fürsorglich um deinen Vierbeiner?

Mache nun hier elf deiner „unsichtbaren" Erfolge sichtbar und lies deine Liste am besten jeden Tag durch. So lange, bis du wahrhaftig darauf vertraust, dass du ein wertvoller Mensch bist:

1 ....

2 ....

3 ....

4 ....

5 ....

6 ....

7 ....

8 ....

9 ....

10 ....

11 ....

Angst
beginnt im Kopf
– MUT AUCH!

— unbekannt —

7.2 AUA – UNSICHERHEIT ODER UNWISSENHEIT

—

Nehmen wir an, du hast nach einer Zahnbehandlung noch Schmerzen. Nervig und ziemlich unangenehm, aber du beißt im wahrsten Sinne des Wortes die Zähne zusammen, bis der Schmerz wieder vorüber ist. Es tut weh, doch du leidest nicht darunter.

Anders wäre es vielleicht, wenn du nachts ohne ersichtlichen Grund plötzlich mit einem stechenden Bauchschmerz aufwachen würdest. Der Zahnschmerz war stärker, doch das Leid des Bauchschmerzes ist nun größer. Wieso?

Wer nachts mit Schmerzen aufwacht, nicht weiß, woher sie kommen und wann sie wieder gehen, und noch nicht einmal den Arzt anrufen kann, ist stark verunsichert und in seinem Handeln eingeschränkt. Der Fokus liegt nach kurzer Zeit weniger auf dem ursächlichen Schmerz, sondern mehr auf einem Gedankenkarussell aus Sorgen, Befürchtungen, offenen Fragen und dem Ärger darüber, dass das ausgerechnet wieder mal außerhalb der Praxis-Öffnungszeiten passiert.

Unwissenheit und Handlungseinschränkungen sind Bedingungen, die Leid begünstigen. Du hast als Mensch ein angeborenes Bedürfnis nach Sicherheit und Selbstbestimmtheit. Du möchtest gern selbst in der Hand haben, wie dein Leben verläuft, was du tust, wann du etwas tust – und alles dann auch bitte mit Auffangnetz und doppeltem Boden.

Jede Situation, die die Grundbedürfnisse nach Sicherheit und Selbstbestimmtheit beschneidet, birgt somit ein hohes Potenzial für Leid, vor allem, wenn wir uns dieser Faktoren nicht bewusst sind.

Neben einem plötzlichen nächtlichen Bauchschmerz könnte auch der Verlust des Arbeitsplatzes, das spurlose Verschwinden eines Haustieres oder eine Beziehung, die aus unerklärlichen Gründen beendet wird, der Grund dafür sein, schier wahnsinnig zu werden.

STOPPE DAS GEDANKENKARUSSELL

Dieses Drama im Kopf kannst du sofort eindämmen, wenn du eine herausfordernde Situation in ihre Einzelteile zerlegst. Betrachte sie wie ein Forscher unter dem Mikroskop und trenne die verschiedenen Facetten klar voneinander:

Welche Emotionen und Körperempfindungen nimmst du wahr? Wodurch wird all dies ausgelöst – was passiert gerade tatsächlich in deinem Leben und was dichtet dein Kopf in Gedanken dazu?

Beginnen wir direkt damit und untersuchen wir eine deiner derzeitigen Herausforderungen gemeinsam.

Belastet dich aktuell eine Situation, bei der „Unsicherheit"
oder „Unwissenheit" mitschwingt, weil dir wichtige Informationen fehlen oder du nicht weißt, wie es ausgehen wird?
Welche Herausforderung ist das?
(Z. B.: „Ich bin nun schon zweimal durch die Prüfung gefallen und weiß nicht, ob ich es diesmal schaffe." „Mein/-e
Partner/-in hat sich von mir getrennt.")

....

....

....

....

....

....

Wie fühlst du dich, wenn du jetzt daran denkst? Welche Emotion meldet sich? Spüre mutig hin und nimm dir gern wieder das „Rad der Emotionen" (siehe Seite 46) zu Hilfe, um deine Emotionen passend zu benennen. Lass dir Zeit dafür.

(Z. B.: „Ich fühle mich ängstlich, nervös und lustlos." „Ich fühle mich traurig, wütend, verwirrt, unsicher, verletzt und einsam.")

....

....

....

....

Was spürst du aufgrund dieser Emotion(en) in deinem Körper?

(Z. B.: Druck im Magen, schwere Beine, Ziehen im Herzen, Schwere auf den Schultern)

....

....

....

....

Welche Gedanken hast du rund um diese Herausforderung?
Hast du Zukunftssorgen und malst dir aus, was alles Schlimmes auf dich warten wird? Oder suchst du nach dem Warum und zählst dir gedanklich fiktive Begründungen auf?
(Z. B.: „Ich schaffe das nie! Ob ich jemals meinen Traumjob machen kann? Vielleicht hat mein Vater recht, dass das nichts für mich ist?" „Ob ich je einen Partner finde und Kinder bekommen werde? Warum ist es plötzlich eskaliert? War das überhaupt Liebe? Er/sie hat bestimmt jemand Besseren gefunden und mich schon vergessen.")

....

....

....

....

....

Fühlen sich diese Gedanken gut an?

.... (ja/nein)

Wenn nein, ...

... gibt es offene Fragen, die sich durch Rückfragen beantworten lassen können? Welche nervenaufreibenden Ungereimtheiten kannst du womöglich zeitnah aufklären?
(Z. B.: „Gibt es die Möglichkeit, die Prüfung zu wiederholen?"
„Ist mein/-e Ex-Partner/-in bereit für eine Aussprache?")

....

....

Welche Gedanken würden sich besser anfühlen?

Bei dieser Frage geht es nicht darum, die rosarote Optimismus-Brille aufzusetzen und sich alles schönzureden. Doch sei dir bewusst, dass die meisten deiner Gedanken nicht auf einer „realistischen" Einschätzung der Situation beruhen, sondern auf einem Kopfkino, das durch deine Prägung in der Vergangenheit einfach entsteht.

Es gibt Gedanken, die dir guttun, und andere, die dich leiden lassen. Das zu erkennen, ist der erste Schritt. Der zweite ist, dir deiner Wahlmöglichkeit bewusst zu werden. Deine Gedanken bewusst auszuwählen ist, als würdest du als Schmetterling an einer Fensterbank mit verschiedenen Pflanzen vorbeiflattern. Neben einem wohlduftenden, bunten Blumenstrauß stehen da auch eine fleischfressende Pflanze und ein Kaktus. Wo wirst du landen? Du hast die Wahl.

Und so ist es auch mit deinen Gedanken. Du bist der Denker und kannst entscheiden. Aber eben nur, wenn du dir deiner Wahlfreiheit bewusst bist. Du kannst aus dem unbewussten Denken, aus dem Blindflug durchs Leben aussteigen und bewusst eine Wahl treffen. Das bedarf ein wenig Training, keine Frage. Doch es ist möglich, immer öfter angenehme Gedanken zu wählen – Gedanken, die dir Kraft geben und dich aktivieren, dieses Gedachte wahr werden zu lassen.

Also, welche Gedanken wählst du nun eigenverantwortlich für dein Wohlbefinden? Welche Gedanken fühlen sich besser an, weil sie dem Unwissen eine angenehme Vorahnung entgegensetzen?
(Z. B.: „Diesmal könnte ich es schaffen, notfalls trete ich nächstes Jahr noch einmal an." „Ich bin liebenswert und werde jemanden finden, der wirklich zu mir passt, jetzt kann ich all das machen, was ich wegen meiner Beziehung auf die lange Bank geschoben habe.")

....

....

....

....

....

STELLE DIE „RICHTIGEN" FRAGEN

Stellst du fest, dass deine Gedanken immer noch um offene Fragen kreisen und es dich Kraft kostet, weil du keine zufriedenstellenden Antworten findest? Dann überprüfe, ob du vielleicht Fragen stellst, die nicht zielführend sind – Fragen wie: „Warum?" „Was wäre, wenn?"

Das Warum kannst du dir manchmal von Mitmenschen beantworten lassen, wenn du mutig genug bist, nachzufragen. Vieles in unserem Leben kann trotz der Frage nach dem Warum jedoch nicht beantwortet werden. Ebenso gleicht die Frage „Was wäre, wenn?" einem Guckloch in dein Kopfkino anstatt in die Realität. In der Regel wirst du nicht herausfinden, was gewesen wäre, wenn du anders gehandelt oder dich anders entschieden hättest, wenn etwas Bestimmtes passiert oder nicht passiert wäre.

Du kannst jedoch ein Stück „Kontrolle" über deine Situation zurückzuerlangen, indem du dir stattdessen Fragen stellst, auf die du dir selbst eine Antwort geben kannst.

Haben deine herausfordernde Lebenssituation und die alten, unangenehmen Gedanken z. B. Auswirkungen auf dein tägliches Leben? Halten sie dich vom Lernen ab, weil du dich stundenlang mit Inhalten aus den sozialen Netzwerken davon ablenkst, oder guckst du dort ständig nach, was dein/-e Expartner/-in postet? Isst du viel mehr Süßigkeiten, isolierst du dich und vermeidest es, dich mit Freunden zu treffen, um nicht über deine Situation sprechen zu müssen?

Unangenehme Emotionen werden durch solche Ablenkungsmanöver nicht losgelassen, sondern nur kurzfristig unter den
Teppich gekehrt. Genau deshalb dürfen nun neue „Wie-"
und „Was-Fragen" zum Zug kommen:

Wie fühle ich mich, wenn ich dies oder jenes tue?
Was schenkt mir Kraft oder einen Glücksmoment?
Was kann ich selbst an der Grundproblematik verändern?
Was hält mich aktuell zurück?

Weitere Fragen an dich selbst:

....

....

....

....

Deine Antworten auf solche Fragen schenken dir Selbst-
wirksamkeit. Sie zeigen dir, dass du mehr in der Hand hast,
als du dachtest. Selbstwirksam und eigenverantwortlich zu
handeln, schenkt dir wiederum mehr Selbstvertrauen und
angenehme Emotionen. Du merkst schon: Die Abwärtsspirale dreht ihre Richtung – jetzt geht es aufwärts!

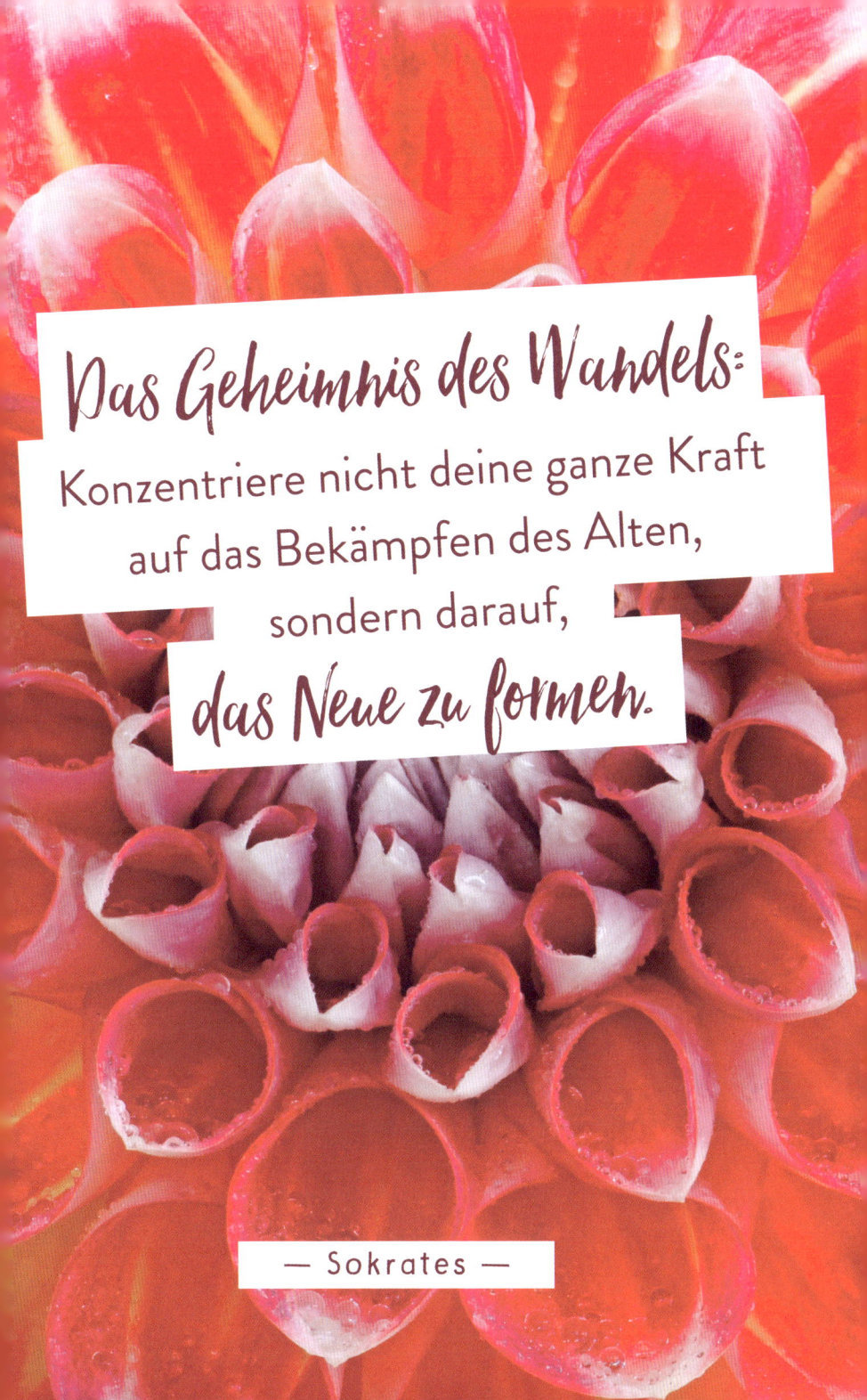

Das Geheimnis des Wandels:
Konzentriere nicht deine ganze Kraft
auf das Bekämpfen des Alten,
sondern darauf,
das Neue zu formen.

— Sokrates —

7.3 AU**A** – ANHAFTUNG

In einer überwiegend erfolgsorientierten Welt bekommen wir den Eindruck vermittelt, das wahre Glück zeigt sich, sobald wir unsere ambitionierten, hochgesteckten Ziele erreichen. Selbst wenn es fürsorgliche, gemeinnützige, ökologisch wertvolle oder vollkommen profitfreie Ziele sind, so gleichen sie allzu oft einem inneren Antreiber, der erst zufriedengestellt ist, wenn die Auszeichnung an der Wand hängt, das Kind das Studium erfolgreich absolviert hat oder Welthunger, politische Ungerechtigkeit und Klimaerwärmung ein Ende haben.

Selbstverständlich ist es wertvoll, wenn Menschen wissen, was ihnen wichtig ist, und wenn sie aktiv dafür losgehen. Die Welt braucht auch Macher und Akteure – nicht nur Zuschauer, die darauf warten, dass ein anderer alles richtet. Doch du solltest bei jedem deiner angestrebten Ziele und Lösungswege – ganz gleich, ob sie deinem persönlichen Wohlbefinden oder dem Gemeinwohl dienen – Folgendes hinterfragen:

Bin ich erst zufrieden und erfüllt, wenn ich dieses Ziel erreicht oder jenes Problem gelöst habe? Macht mich der Missstand zwischen dem, wie es sein soll, und dem, wie es aktuell ist, häufig traurig, wütend, ängstlich o. Ä.? Bestimmt dieses unerreichte Vorhaben den Großteil meiner Emotionen? Bin ich der Meinung, es gibt nur diesen einen Weg, um meine Werte und Bedürfnisse wertzuschätzen oder mich aus einer bestimmten Situation zu befreien?

Setze ich alles auf eine Karte? Oder fühle ich mich verantwortlich für das Wohl eines anderen, weil er es scheinbar nicht selbst hinbekommt, seine Angelegenheiten zu klären?

Wenn du eine oder mehrere dieser Fragen mit „Ja" beantwortet hast oder direkt in eine Art Rechtfertigungsmodus verfällst, ist die Wahrscheinlichkeit groß, dass du in die Falle der Anhaftung getappt bist. Anhaftung an Zielen bedeutet, sich so sehr darauf zu fixieren, dass man zum einen nicht offen für Alternativen ist und zum anderen den Wert des zukünftigen Erfolges deutlich höher bemisst als die potenziellen Glücksmomente der Gegenwart.

Es ist, als würdest du als durstiger Schmetterling auf Nektarsuche gehen. Du träumst schon so lange von der violetten Königsblume, die sich irgendwo in diesem wilden Garten befinden soll. Auf deiner Suche fliegst du an vielen anderen Blumen vorbei, doch du bemerkst ihren wundervollen Duft und ihre aufmunternden Farben überhaupt nicht. Alles in deinem Kopf dreht sich um diese eine Königsblume. Durch diese gedankliche Einbahnstraße ist dein Blick für die Schönheit aller anderen Blumen versperrt und du verpasst wertvolle Chancen zum Verweilen, zum Nektarschlürfen und Krafttanken. Auch die Einladung zum Tanz mit den anderen Schmetterlingen ignorierst du, denn du bist ja schließlich noch so durstig. Als hättest du Scheuklappen auf, verbringst du die Gegenwart starr fokussiert auf dein Ziel, ohne sicher zu sein, dass dich die Königsblume in der Zukunft wirklich glücklich machen wird.

Das ist Anhaftung. Ihr Gegenteil bedeutet nicht, keine Ziele und Wünsche mehr zu haben. Es bedeutet, nach etwas zu streben und dabei flexibel zu bleiben, sich auf spontane Einladungen des Lebens einzulassen, die Kostbarkeit des gegenwärtigen Moments zu erfassen, bereits den Weg als Chance wahrzunehmen und die Vorfreude auszukosten, ohne Angst, sein Ziel letztlich nicht zu erreichen. Denn selbst wenn du vermeintlich scheiterst, die Vorfreude ist ein Geschenk der Gegenwart, das dir nie mehr genommen werden kann. Du hast sie bereits erlebt. Vorfreude vergrößert nicht deine Enttäuschung, wenn es am Ende doch nicht klappt. Sie stärkt dich auf dem Weg dorthin bereits und macht dich somit sogar widerstandsfähiger gegenüber Misserfolgen.

Wie blickst du deinen aktuellen Zielen und Wünschen überwiegend entgegen: eher mit bereichernder Vorfreude oder mit schmerzender Sehnsucht und Bedauern, weil du noch nicht am Ziel bist?

Vorfreude wirkt nur dann kraftgebend, wenn sie echt ist und von Herzen kommt statt vom Verstand. Du kannst und sollst dir diese Form von Optimismus deshalb nicht „vorspielen". Doch der Mensch ist bekanntlich ein Gewohnheitstier. Er verfolgt manch alte Gewohnheiten lediglich deshalb, weil Neues für das Gehirn eine gewisse Anstrengung bedeutet.

Denn für neue Denk- und Verhaltensweisen müssen auch neue Nervenverbindungen gebildet werden, damit die Informationen in unserem Gehirn neue Wege gehen können. Diese neuen Pfade anzulegen, gleicht dem Vorhaben, in einem dicht bewachsenen Dschungel einen neuen Pfad freizuschlagen. Wird dieser neue Pfad nur selten benutzt, dauert es nicht lange und er ist wieder komplett zugewachsen. Willst du also einen neuen Pfad, eine neue, stabile Nervenverbindung erschaffen, gilt es, dich im ersten Schritt bewusst zu entscheiden, wo es künftig langgehen soll, und im zweiten Schritt, diesen neuen Pfad so lange zu nutzen, bis es scheint, er wäre schon immer dagewesen.

Du bist alten Denkweisen also nicht hilflos ausgeliefert – sei es hinsichtlich deiner Ziele, deiner Einstellungen oder deiner Meinung über dich selbst. Du kannst immer wieder einen neuen Weg einschlagen und dich bewusst für etwas entscheiden, das dir ein angenehmeres Gefühl verschafft – auch für die Vorfreude.

Wenn du dir dieser Wahlfreiheit und Flexibilität bewusst bist und du gewillt bist, deine alten Pfade zu verlassen, hast du dich bereits ein gutes Stück von deinen bisherigen Anhaftungen befreit. Das ermöglicht dir, neue Wege und Möglichkeiten zu finden, um dir bereits im Alltag immer wieder Momente des Glücks und der Zufriedenheit zu bescheren.

Wenn es dir schwerfällt, von bestimmten Vorstellungen oder Zielen loszulassen, kann es sein, dass du bereits viel in dieses Vorhaben investiert hast. Ganz gleich, ob Zeit, Muße, Liebe, Geld oder Fleiß – umso mehr du bereits dafür gegeben hast, dass sich etwas nach deinen Wünschen entwickelt, desto schwerer fällt es dir, den bisherigen Pfad zu verlassen. Das ist völlig normal. Bringe dir selbst Mitgefühl entgegen und verurteile dich nicht dafür, dass es dir schwerfällt, etwas loszulassen – selbst dann nicht, wenn es dir augenscheinlich ganz schön viele Tage vermiest.

Vielleicht hilft es dir, nicht gleich das Vorhaben über Bord zu werfen, in das du bereits am meisten investiert hast und das mittlerweile schon wie mit dir verwachsen zu sein scheint. Trainiere die Flexibilität deines Gehirns – und somit das Loslassen – vorerst mit kleineren Veränderungen in deinem Alltag. Wähle einen neuen Arbeitsweg, beginne eine neue Morgen-/Abendroutine, verändere deine Frisur, verabschiede dich von zehn unliebsamen Kleidungsstücken oder fünf Reise-Mitbringseln, die mittlerweile nur noch als Staubfänger dienen. Vielleicht fällt dir auch etwas völlig anderes ein.

Womit möchtest du heute konkret das Loslassen trainieren?

....

....

Und nun sei ehrlich mit dir selbst, auch wenn es schmerzen könnte, es dir einzugestehen: Wo könntest du in die Anhaftungsfalle getappt sein? Von welchem Vorhaben, von welcher Sehnsucht oder welchem Problemverursacher kannst du nicht loslassen, obwohl dieses Anhaften dein Wohlbefinden negativ beeinflusst?

....

....

Wie könnte ein alternativer Weg aussehen, um nicht weiter in dieser Anhaftung gefangen zu bleiben? Welcher Pfad könnte in Richtung Freiheit und Wohlbefinden führen, wenn du mutig dafür losgehst und dich „durch den Dschungel kämpfst"?

....

....

....

....

Ja, auch Loslassen kann kurzfristig wehtun und Angst machen. Doch erinnere dich daran, wie du das Laufen gelernt hast. Hättest du die Hand, Tischkante oder Wand, an der du dich auf wackeligen Beinen festgehalten hast, niemals losgelassen, könntest du heute noch nicht laufen und die Welt erkunden. Ich bin mir sicher, du möchtest auch jetzt nicht versteinert dort „stehen bleiben", wo du dich aktuell in deinem Leben befindest. Du willst etwas ändern. Also, lass los – du hast es schon unzählige Male zuvor getan …

Und wenn dich das Leben gerade unfreiwillig von der Hand gelassen hat, du schmerzlich etwas vermisst, das vorher Teil deines Lebens war und dir Halt gegeben hat, dann nimm dir ausreichend Zeit für deine Emotionen. Eine afrikanische Weisheit besagt: Gras wächst nicht schneller, wenn du daran ziehst. Das Gleiche gilt für dich selbst. Du darfst geduldig mit dir sein, wenn du unfreiwillig etwas loslassen musstest, z. B. einen Menschen, deinen Arbeitsplatz, deine Gesundheit, deine Wohnung oder etwas anderes. Lass dir Zeit, diesen Abschied zu verdauen. Achte gut auf dich und sei dir gewiss: Das Leben wird dir wieder „eine Hand" entgegenstrecken, auch wenn du sie im Nebel deiner Emotionen gerade noch nicht sehen kannst.

8. Geheimzutaten der Alchemie des Glücks

—

Aus Kompost gedeihen neue Blumen, aufgenommene Nahrung wandelt sich in Körperzellen, ja und manchmal wird aus Blei sogar Gold, wenn du den magischen Geschichten über die Alchemisten glaubst.

Dieses Wunder der Alchemie – dass sich ein Stoff in einen anderen wandelt – geschieht häufig ganz ohne dein Zutun. So, wie aus der Raupe ein wundervoller Schmetterling wird, kann es sein, dass auch du dich durch bestimmte Ereignisse unvorhergesehen wandelst. Du hast danach vielleicht andere Sichtweisen und Fähigkeiten, deine Gesundheit, dein Lebensstil und deine zwischenmenschlichen Beziehungen bekommen einen anderen Stellenwert, du bist dankbarer oder demütiger, vielleicht lebensbejahender als zuvor, wenn du deine Hindernisse erfolgreich überwunden hast.

Je nachdem, wie einschneidend oder lebensverändernd die Ereignisse und die daraus resultierenden Erkenntnisse sind, desto länger hält dieses neue Lebensgefühl an – nicht selten ein Leben lang.

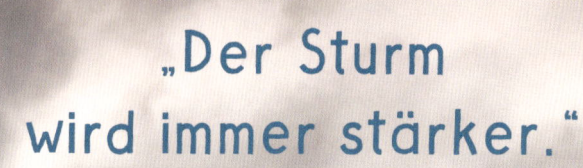

„Der Sturm
wird immer stärker."

„DAS MACHT NICHTS.
ICH AUCH."

— Pippi Langstrumpf —

Wie viele Tage, Wochen oder Monate es jedoch genau dauert, bis du eine starke Veränderung wahrhaftig in dein Leben integrierst und sie akzeptierst, kann keiner genau sagen. Jeder Mensch hat andere Vorerfahrungen, ist vielleicht gestärkt durch vorangegangene Erkenntnisse oder geschwächt durch anhaltende Krafträuber im Leben. Der eine wird durch Freunde und Familie aufgefangen, der andere muss sich allein durchboxen. Manche verdrängen ihre Emotionen und wieder andere entscheiden sich dazu, Schritt für Schritt Frieden mit ihnen zu schließen und eigenverantwortlich ins Handeln zu kommen – so, wie du es gerade tust.

Wo auch immer du gerade in deinem Leben stehst, die folgenden fünf „Geheimzutaten" beschleunigen deinen Wandlungsprozess zusätzlich. Sie verbessern deine Voraussetzungen, um schon bald (erneut) Zeuge der „Alchemie des Glücks" in deinem Leben zu werden.

DIE FÜNF MAGISCHEN Vs:

(WENIGER) VERGLEICHEN

VERZEIHEN

VERGRÖSSERN

VERWÖHNEN

VERBINDEN

8.1 GEHEIMZUTAT: WENIGER VERGLEICHEN
—

Genauso vielfältig wie die Herausforderungen des Lebens sind auch die jeweiligen Reaktionen der Betroffenen. Nur weil es Menschen gibt, die sich bspw. mit einer unheilbaren Erkrankung recht gut arrangieren, heißt das nicht, dass du nicht zutiefst traurig oder wütend sein darfst, wenn du dir kurz vor dem Urlaub oder einem Sportwettkampf den kleinen Zeh brichst und diese eher „kleine Gesundheitsein-schränkung" nun deine ganzen Pläne über den Haufen wirft. Vielleicht war der Urlaub oder Sportwettkampf genau das, was du dir sehnlichst gewünscht hast, um wieder neue Kraft oder Selbstvertrauen zu schöpfen.

Jede Reaktion ist berechtigt. Du brauchst dich niemals schuldig dafür zu fühlen, dich zu schämen oder zu rechtfertigen. Es gibt kein „Mir geht's aber schlechter als dir", kein „Hab dich nicht so, was soll ich da sagen", kein „Es könnte schlimmer sein". Die Intensität einer Herausforderung objektiv zu bewerten und zu kategorisieren, ist unmöglich. Ein Vergleich ergibt schlichtweg keinen Sinn und führt lediglich dazu, dass du dich zusätzlich schlecht fühlst, weil du dich schlecht fühlst.

Diese negative Bewertung unserer eigenen Emotionen nennt man Meta-Emotion. Sie schiebt sich über die eigentliche Emotion und schreibt der ursächlichen Emotion ihren Wert ab. Auf diese Weise birgt auch eine Meta-Emotion die Gefahr, in einer unangenehmen Emotion gefangen zu bleiben.

Sie kann dich andersherum auch davon abhalten, ein angenehmes Gefühl zu genießen und Kraft daraus zu schöpfen. Denn Meta-Emotionen können ebenso entstehen, wenn du dich schlecht fühlst, weil du dich gut fühlst. Du hast dann bspw. Schuldgefühle, weil du ein Konzert besuchst und wahre Freude empfindest, obwohl du nach dem Verlust deiner Großmutter „eigentlich" gerade in einer Art Trauerphase bist. Oder du hast ein schlechtes Gewissen, frisch verliebt mit deiner neuen Bekanntschaft im Café zu sitzen, weil du weißt, dass dein/-e Ex-Partner/-in gerade enttäuscht über die Trennung zu Hause leidet.

Solche Meta-Emotionen haben natürlich ebenso ihre Berechtigung. Auch sie wollen gefühlt werden und entspringen oft aus einem Abgleich mit eigenen oder gesellschaftlichen Moralvorstellungen. Nimm deshalb auch diese Meta-Emotion bewusst wahr. Auf diese Weise kann sie sich nicht unbemerkt in dir ausbreiten und dir einen schönen Moment gänzlich vermiesen bzw. von einem ursächlichen Schmerz ablenken.

Wie auch immer du also auf Herausforderungen – oder auch angenehme Situationen – in deinem Leben reagierst, bleibe bei dir und vergleiche dich, so gut es geht, nicht mit anderen. Denn jeder individuellen Reaktion geht auch ein komplett individuelles Leben voraus – unterschiedliche Lebensumstände, andere Erfahrungen und Prägungen, ganz persönliche Prioritäten, Lebenspläne und Bedürfnisse. Deine emotionale Reaktion ist so einzigartig wie du selbst und jeder andere Mensch auf dieser Welt. Mitgefühl dir und anderen gegenüber macht vieles leichter.

Stelle drei große Schalen auf und fülle die erste Schale
(rechts) mit sehr kaltem Wasser, die zweite Schale
(mittig) mit warmem Wasser in Zimmertemperatur, die
dritte Schale (links) mit sehr warmem Wasser – aber
bitte nicht zu heiß. Nun legst du für eine Minute deine
rechte Hand in das rechte Kaltwasserbad und gleichzeitig deine linke Hand in das linke Warmwasserbad.
Nach Ablauf der Zeit legst du beide Hände rasch in die
mittlere Schale mit dem Wasser in Zimmertemperatur,
ohne dass sie sich berühren. Was spürst du? Obwohl
nun beide Hände das gleiche Bad nehmen, wirst Du das
Wasser an der rechten Hand als warm, das an der linken
Hand hingegen als kalt empfinden. Und beide Hände
„haben recht"! Da ihr vorheriges Erleben sehr unterschiedlich war (nämlich einmal sehr warm und einmal
sehr kalt), nehmen sie nun die identische Situation
komplett unterschiedlich wahr.

Genauso ist es mit deinen Emotionen. Eine ähnliche
Situation mag sich für dich und einen Mitmenschen
gänzlich anders anfühlen, weil ihr beide unterschiedliche Vorerfahrungen habt.

8.2 GEHEIMZUTAT: VERZEIHEN

—

Bestimmt kennst du das Gefühl, dich selbst schuldig für etwas zu fühlen. Hast du auch schon einmal einem Mitmenschen die Schuld dafür gegeben, dass es dir schlecht geht? Solch eine Schuldzuweisung erzeugt in der Regel Emotionen wie Wut oder Ärger in dir. Diese sind vermeintlich leichter zu ertragen als bspw. die Traurigkeit, Angst oder Scham, die eine Situation primär in dir auslöste. Manchmal entscheiden wir uns auch unbewusst dafür, jemanden unbegründet zum Täter und uns zum Opfer der Umstände zu machen, da dies ebenso erträglicher zu sein scheint als ein eigenes Schuldeingeständnis.

Die meisten Schuldzuweisungen sind somit auf gewisse Weise Ablenkungsmanöver, die uns daran hindern, den ursächlichen, emotionalen Schmerz wahrzunehmen. Dies erschwert folglich dessen Heilung.

Deine Einschätzung, wer nun die Schuld für eine unangenehme Situation trägt, ist sehr subjektiv. Aufgrund deiner eigenen Persönlichkeitsmerkmale, Fähigkeiten und Werte gehst du vielleicht davon aus, dass deine Mitmenschen in bestimmten Lebenslagen auf ähnliche Art und Weise reagieren sollten, wie du es tun würdest. Bist du z. B. ein zärtlicher, liebevoller Mensch, der gern Umarmungen und Komplimente verteilt, irritiert es dich stark, wenn ein Vater seine Söhne nie umarmt oder lobt, aus Angst, sie würden dadurch verweichlichen.

Es könnte sein, dass auch deine Eltern nicht immer alles so gemacht haben, wie du dir heute eine „gute" Kindererziehung vorstellst. Doch ist es gerecht, jemanden schuldig zu sprechen, der in deiner Kindheit das getan hat, was im Bereich seiner Möglichkeiten lag? Ist es nicht so, dass jeder Mensch die Dinge in seinem Leben gerne „gut" machen möchte? Niemand möchte mit Vorsatz der Buhmann sein, der Verursacher von emotionalem Schmerz und Leid. Wir urteilen oft hart über andere, da wir davon ausgehen, derjenige müsste es besser wissen. „Ist doch selbstverständlich, dass man die Wünsche seines Kindes beherzigt und ihm nicht seine eigenen unerfüllten Träume überstülpt." Ist es das wirklich?

Das Verhalten einiger Menschen erscheint uns egoistisch, naiv, unlogisch oder auf andere Weise befremdlich zu sein. Doch jeder tut das, wozu ihn seine aktuellen Lebensbedingungen, seine Gedanken und Emotionen, seine eigenen Prägungen und Vorstellungen von einem guten Leben motivieren. Wenn sich eine der vielen Entscheidungsgrundlagen verändern würde, würde sich auch das Verhalten ändern:

Hätten deine Eltern andere Vorbilder in ihrer eigenen Kindheit gehabt, hätten sie anders gehandelt.
Wäre dein/-e Partner/-in oder ein/-e Freund/-in nicht zehn Jahre zuvor zutiefst von einer Vertrauensperson enttäuscht worden, hätte er/sie anders gehandelt.
Hätte dein/-e Chef/-in einen liebevollen, verständnisvollen Vater gehabt, hätte er/sie anders gehandelt.

Jedes menschliche Verhalten ist das Resultat einer individuellen Lebensgeschichte. Wenn du lernst, Mitgefühl für diese
Lebensgeschichte zu entwickeln – auch für deine eigene –
wirst du milder mit deinen Mitmenschen und dir. Du musst
das Verhalten deshalb nicht gutheißen, darum geht es nicht.
Du hast das Recht auf deine eigenen Wert- und Moralvorstellungen. Doch du erkennst dann, dass es unsinnig ist,
nach einem Schuldigen zu suchen. Denn Schuldzuweisungen,
Wut und Ärger über Geschehenes halten dich in der Vergangenheit. Die emotionalen und gedanklichen Verstrickun-
gen rauben dir Kraft, ohne dabei etwas verändern zu können.
Denn auch wenn Wut und Ärger dir wichtige Botschaften
übermitteln wollen, können sie leider keine Zeitreisen in die
Vergangenheit bewirken. Diese Emotionen können dich
aber darauf aufmerksam machen, dass es an der Zeit ist, zu
verzeihen – hier und jetzt.

Ja, es ist an der Zeit, dir selbst die Last zu
nehmen, indem du einem Menschen (oder dir
selbst) vergibst für das, was geschehen ist.

Denn wohl jeder Mensch auf dieser Welt hat in seiner
Vergangenheit etwas getan, das er aus heutiger Sicht be-
reut, weil er sich heute anders entscheiden oder verhalten
würde – auch wenn er das nicht offen zugeben oder sich dafür entschuldigen kann. Doch beim Vergeben geht es nicht
um den anderen. Du brauchst kein „Entschuldigung, es tut
mir leid", um dich selbst aus dieser emotionalen Verstrickung
zu lösen, die dich in der Vergangenheit hält.

Du brauchst nur dich selbst und

- 🦋 **einen wachsamen Geist**, der die gedanklichen Schuldzuweisungen immer wieder bewusst entlarvt,

- 🦋 **ein offenes Herz**, das den Schmerz der Vergangenheit zulässt, spürt und loslässt und damit Platz macht, um Mitgefühl für alle Beteiligten und deren Lebensgeschichte zu empfinden,

- 🦋 **einen selbstfürsorglichen Willen** und die Bereitschaft, die Vergangenheit ruhen zu lassen, um selbst innerlich zur Ruhe zu kommen.

Probiere es direkt aus:

Wem werfe ich vor, (Teil-)Schuld an meiner aktuellen Situation zu haben? Wer hat mich meiner Meinung nach in diese Misere gebracht oder ist bspw. dafür verantwortlich, dass ich mich nicht wirklich geliebt, anerkannt und wertvoll fühle?

....

....

Wie fühlt es sich an, wenn ich an diesen Menschen denke?

....

....

Möchte ich in diesen Emotionen gefangen bleiben?

.... (ja/nein)

Wenn nein: Hat dieser Mensch mir mit Vorsatz „wehgetan"?

.... (ja/nein)

Bin ich mir sicher, dass ihm damals bewusst war, was er mit seinem Verhalten anstellt?

.... (ja/nein)

Glaube ich, diese Person hatte zum Zeitpunkt ihres Verhaltens eindeutig eine andere Wahlmöglichkeit und hat sich extra dafür entschieden, mir Leid zuzufügen?

.... (ja/nein)

Mit deinen Antworten zeigst du dir selbst auf, dass es sinnvoll ist, diesem Menschen zu verzeihen, um die leidvolle Geisterbahnfahrt aus kräftezehrenden Emotionen und Gedanken zu beenden. Diese Fahrt beeinträchtigt hauptsächlich dein eigenes Leben, nicht das Leben des Beschuldigten. Also, bist du bereit, dieses Leid aus deinem Leben zu verbannen – um deinetwillen?

.... (ja/nein)

Dann schreib es auf und sprich es laut aus:

"Ich vergebe dir,

....

(dein Name oder der eines Mitmenschen)

Ich spreche dich von Schuld und Verantwortung frei.
Ich bin frei und spüre, wie innerer Frieden in mich einkehrt."

Mache nach diesem Abschnitt am besten eine Lesepause und nimm dir Zeit, all dem nachzuspüren.

Vergebung ist
ein Geschenk
an mich selbst.

— unbekannt —

8.3 GEHEIMZUTAT: VERGRÖSSERN

Starten wir direkt mit einem kleinen Experiment: Bitte beschreibe mir, bevor du weiterliest, was du im folgenden Bild entdecken kannst?

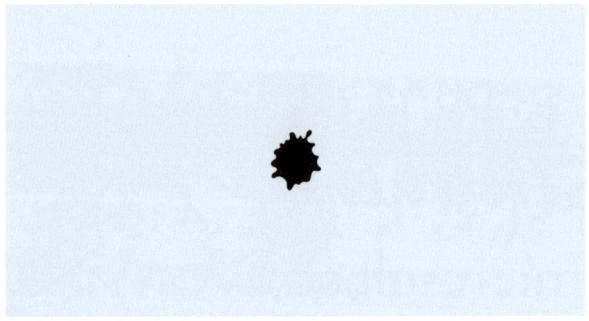

Ich sehe ....

....

....

....

Die meisten Betrachter nehmen bei diesem Experiment den kleinen Fleck genauer ins Visier – Farbe, Form, Lage. Alles andere wird außer Acht gelassen. Kaum einer beschreibt die deutlich größere Freifläche. Auch Farbe und Textur des Papieres, auf dem sich Kasten und Fleck befinden, werden nur selten beschrieben, obwohl sie ebenso Teil des Bildes sind.

Ganz ähnlich verhält es sich auch in deinem Leben. Die kleinen, schwarzen Flecken deines Lebens – in Form von kleinen und großen Herausforderungen – nehmen deine Aufmerksamkeit oft so sehr in Beschlag, dass du vergisst, nach links und rechts sowie nach oben und unten zu blicken, um nach weiteren Lebensinhalten Ausschau zu halten.

Doch dein gegenwärtiger Moment wird nicht nur von diesem einen „dunklen" Aspekt deines Lebens bestimmt. Es gibt so viel mehr zu entdecken. Natürlich geht es nicht darum, den Fleck – stellvertretend für deine aktuelle Herausforderung – mit einem Finger abzudecken und so zu tun, als ob er nicht mehr da wäre. Du weißt bereits, wie wichtig es ist, hinzusehen, Emotionen zuzulassen und dann mit freien Händen die anderen, vielleicht „helleren" Bereiche des Lebens zu erkunden. Nutze diese Geheimzutat und vergrößere gleich jetzt dein Blickfeld.

Was sind aktuell deine „schwarzen Flecken" im Leben?

....

....

....

....

Was sind in diesem Moment deine „hellen Flecken"? Was umgibt dich, für das du dankbar bist, das du liebst, das dir Freude bereitet? Was ist vielleicht aus deinem Fokus gerutscht, weil es normal geworden ist? Worauf kannst du genau jetzt bewusst deine Aufmerksamkeit richten, um dir selbstwirksam ein wahrhaftig gutes Gefühl zu bescheren?

ÜBUNG: Das „3 x 3 der Sinne"

Achtsamkeit – das wertfreie Wahrnehmen des gegenwärtigen Moments – ist eine Tugend, die erwiesenermaßen widerstandsfähiger gegenüber Herausforderungen macht. Mit dem „3 x 3 der Sinne" trainierst du auf spielerische Art und Weise, achtsam zu sein und auf diese Weise dein Wahrnehmungsfeld zu vergrößern. Dafür nimmst du nacheinander jeweils drei Sinneseindrücke über drei deiner Sinne wahr, ohne sie gedanklich zu bewerten. Mache direkt mit und atme zum Start dreimal tief ein und aus.

1. Hören: Lausche deiner Umgebung und erfasse bewusst drei unterschiedliche Geräusche.

2. Sehen: Fokussiere dich mit scharfem Blick nacheinander auf drei Dinge/Menschen/Tiere/Pflanzen, die dich umgeben. Entdecke so viele Details wie möglich.

3. Spüren: Erkunde bewusst, wie sich drei Dinge anfühlen, z. B. der Wind im Gesicht, die Textur dieses Buches, die Temperatur deines Getränks, deine Füße auf dem Boden.

In jedem Menschen
ist Sonne,
man muss sie nur
zum Leuchten
bringen.

— Sokrates —

8.4 GEHEIMZUTAT: VERWÖHNEN

Wenn du schon länger in herausfordernden Lebensumständen feststeckst, wirst du bestätigen können: Es kostet Kraft – körperlich, geistig, seelisch.

Umso wichtiger ist es, dir im Alltag regelmäßig etwas Gutes zu tun, immer wieder aufzutanken, auf deine wahren Bedürfnisse zu hören und dich entsprechend zu verwöhnen. Doch erlaubst du dir ein Verwöhnprogramm? Denke daran, dass dich Meta-Emotionen manchmal mit einem schlechten Gewissen davon abhalten wollen. Sie wollen dir einreden, es sei nicht angebracht, sich „unter diesen Umständen" etwas von Herzen zu gönnen und Freude daran zu haben. Doch, ist es! Sich selbst Gutes zu tun, ist sogar eine Geheimzutat, um „diese Umstände" zum einen emotional leichter zuzulassen und zum anderen eigenverantwortlich verändern zu können – sobald die Zeit dafür reif ist.

Selbstfürsorgliches Verhalten ist essenziell, denn dein Körper, dein Geist und deine Seele gleichen den Wurzeln eines Baumes. Je stärker die Wurzeln sind, desto widerstandsfähiger trotzt solch ein Baum den Stürmen des Lebens. Genauso ist das bei dir. Wenn du deine Wurzeln verkümmern lässt, haut dich der nächste Sturm sprichwörtlich um. Wie also nährst du deine Wurzeln? Womit stärkst du dich für wiederkehrende, stürmischen Zeiten?

Ein regenerierender Lebensstil beinhaltet ausreichend Schlaf und Ruhephasen, eine nährstoffreiche, pflanzlich betonte Ernährung und regelmäßige, körperliche Aktivität. Das ist heute kein Geheimnis mehr. Wenn du dich jedoch seelisch von einer Situation überfordert fühlst, neigst du vielleicht – wie viele andere – dazu, deine Selbstfürsorge aus dem Blick zu verlieren.

Wenn du das kennst, setze dich keinesfalls durch hochgesteckte Ziele zusätzlich unter Druck. Starte nicht mit etwas, nur weil es alle für „ach so gesund" halten. Du brauchst weder jeden Tag Sport zu machen, noch musst du dir deine geliebten Süßigkeiten verbieten. Um dich – vor allem in einem von Herausforderungen geprägten Leben – wieder liebevoller um dich selbst zu kümmern, frage dich stattdessen, was Körper, Geist und Seele guttut und gleichzeitig den geringsten Aufwand bedeutet. Nutze dein neu gewonnenes Körperbewusstsein, um in dich hineinzuhören:

„Womit möchte ich mich künftig verwöhnen? Was will ich ab heute für mich tun, weil schon der Gedanke daran ein wohliges Gefühl in meinem Körper erzeugt?"

Ich gebe dir gleich ein paar Anregungen – keine Empfehlungen. Wähle davon drei Möglichkeiten aus, indem du nicht mit dem Kopf, sondern mit deinem Bauchgefühl entscheidest. Wähle intuitiv das, wonach dein Körper sich gerade sehnt.

Folge der Freude.

ÜBUNG: Dein Bauchgefühl

Setze dich an einen ungestörten Ort und nimm dir Zeit, jede Idee einzeln in dir wirken zu lassen. Lies hierfür immer nur ein Wort und schließe dann deine Augen. Visualisiere vor deinem inneren Auge, wie du diese Aktivität machst, und beobachte, wie dein Körper darauf reagiert. Fühlt er sich leicht oder schwer an? Kribbelt oder drückt es irgendwo? Was spürst du?

Sei geduldig mit dir, es könnte anfangs einige Minuten dauern, bis du körperlich eine Veränderung feststellst. Sollte dein Körpergefühl – z. B. aufgrund starker Emotionen – gerade nicht in der Lage sein, dich zu leiten, versuche es mit „hinhören". Wie lautet deine Antwort, wenn ich dich frage: Hast du Lust, diese Aktivität auszuprobieren?

Hörst du innerlich dann eher ein spontanes „Mmhmm, warum nicht?" oder ein „Nnneeh, nicht so"?

Natürlich können sich in solche Entscheidungen auch sabotierende Gedanken einschleichen wie: „Das geht eh nicht. Ich kann mir das nicht leisten." „Mein Fahrrad ist aber kaputt." „Das wird in meiner Nähe gar nicht angeboten." Dann atme tief ein und aus. Schiebe diesen Gedanken zunächst zur Seite und mache dir bewusst, dass es gerade nicht um das konkrete Umsetzen eines Plans geht. Du willst unvoreingenommen deine Bedürfnisse und Vorlieben näher kennenlernen. Du bist gerade dabei, deine innere Kompassnadel in die richtige Richtung auszurichten.

Wenn du erst einmal etwas gefunden hast, das sich gut anfühlt, wirst du auch leichter einen Weg dorthin finden.

Gleiche nun die folgenden Kraftquellen nach dem Prinzip „Lesen – visualisieren – wahrnehmen" mit deinem Körpergefühl ab und unterstreiche alles, was ein gutes Gefühl in dir erzeugt:

Bewegung:

Yoga, Qigong, Tai-Chi, tanzen, schwimmen, Fahrrad fahren, (Nordic) Walking, joggen, wandern, Pilates, Fitnessstudio/ -gerät, Gymnastikband, eigene Ideen: ....

....

Erholsamer Schlaf:

Früher schlafen gehen, kein Smartphone am Bett, Zimmer besser abdunkeln, binaurale Beats, weniger Kaffee, eigene Ideen: ....

....

Gezielte Ruhephasen:

Meditieren, Zeit in der Natur verbringen, Mittagsschlaf machen, „3 x 3 der Sinne" (siehe Seite 123), ungestört Musik hören, Journaling, Kakao-/Tee-Zeremonie, Instrument spielen, handwerken, malen, eigene Ideen: ....

....

Überlege dir nun im zweiten Schritt, welche drei unterstrichenen Vorhaben am einfachsten umsetzbar wären.

Hiermit verwöhne ich mich ab heute:

1 ....

2 ....

3 ....

Am besten schreibst du dein neues Verwöhnprogramm auf ein großes, farbiges Blatt Papier. Lege diese Notiz auf dein Nachtkästchen, um dich jeden Morgen und Abend aufs Neue daran zu erinnern. Das wird dir helfen, deine Kraftquellen im Visier zu behalten.

Viel Freude beim Auftanken und „Wurzelnstärken"!

TRICKKISTE:

Um dich in stürmischen Zeiten zusätzlich gut „verwurzelt" zu fühlen, kannst du dich auch an einen angenehmen Ort setzen (am besten in der Natur), tief durchatmen, deine Augen schließen und dir vorstellen, wie tatsächlich starke, feste Wurzeln aus deinen Füßen und/oder deinem Gesäß in Richtung Boden streben. Sie verbinden dich mit der Natur und geben dir Halt, sodass du dich im Trubel des Alltags nicht von deinen Herausforderungen hin- und hergerissen fühlst. Visualisiere gerne zusätzlich, wie es nun anfängt zu regnen und alle Probleme und Sorgen, die vorher an dir klebten, nun von den Regentropfen abgewaschen werden. Danach kommt die Sonne heraus. Die energiegeladenen Sonnenstrahlen stärken dich von oben und bringen auch dein Herz zum Strahlen.

Überraschung No. 2: Geführte Meditationen aus dem Buch „Ich bin ganz bei mir selbst" (Groh | Karima Stockmann), findest du kostenfrei unter: www.groh.de/extra/stark

DIGITALE ABLENKUNGSMANÖVER

Wie viel Zeit verbringst du jeden Tag mit digitalen Medien?
Die Algorithmen der sozialen Netzwerke werfen dich hin
und her und schlechte Neuigkeiten machen den Hauptteil
fast jeder Nachrichtensendung oder -plattform aus – beste
Voraussetzungen für eine regelrechte Überladung deines
Geistes. Die ungefilterte Fülle an zumeist negativen oder
aufreibenden Informationen hindert dich zwar kurzfristig
daran, über deine eigenen Herausforderungen nachzudenken, doch sie nimmt deine Aufmerksamkeit auch darüber
hinaus noch in Beschlag. Dein Kopf grübelt unbewusst oder
bewusst noch stundenlang – teilweise tagelang – darüber
nach und versucht das Gesehene und Gehörte zu verarbeiten.
Das kostet zusätzlich Kraft. Außerdem kann es nachts deinen
Schlaf negativ beeinflussen und dich tagsüber von dem ablenken, was in deinem eigenen Leben gerade im Fokus liegt.

Behalte also im Blick, ob dir deine konsumierten Informa-
tionen wirklich guttun, ob du Körper, Geist und Seele wirk-
lich damit verwöhnst oder ob es da nicht ein kraftvolleres
Alternativprogramm gibt. Vielleicht „nur" dasitzen. Atmen.
Nichts tun. Deinen Emotionen Raum geben, während du
den Moment wahrnimmst – das Gezwitscher der Vögel, das
Wolkenmosaik am Himmel, die frische Luft, den Duft eines
Tees oder eines ätherischen Öls. Verwöhne dich und deine
Sinne, anstatt sie regelrecht zu betäuben.

STILLE
ist nicht leer.

Sie ist voller
ANTWORTEN.

— unbekannt —

8.5 GEHEIMZUTAT: VERBINDEN

—

Die liebe Liebe – sie hat tausend Gesichter. Sie ist so vielfältig wie das Leben selbst und irgendwie sehnt sich doch jeder nach ihr – aus gutem Grund. Diverse wissenschaftliche Experimente verdeutlichen, wie wichtig es ist, Bezugspersonen im Leben zu haben. Sie machen uns resilienter – widerstandsfähiger im Umgang mit den Herausforderungen des Lebens. Wer einen guten Freund hat, kann bspw. nach einer Trennung oder einem Trauerfall schneller wieder Fuß fassen. Wer einen liebevollen Familienkreis hat, blickt dem hohen Alter optimistischer entgegen.

Umso mehr schmerzt es, wenn ausreichend Bezugspersonen im alltäglichen Leben fehlen. Nicht nur, um auch mal sein Herz auszuschütten. Es geht vor allem um Nähe – seelische wie körperliche. Es geht darum, gesehen und wahrgenommen zu werden, im doppelten Wortsinn „berührt" zu werden, vielleicht sogar, um seinem Leben dadurch einen Sinn zu geben.

Der Mensch ist fürs Alleinsein gewappnet, nicht jedoch für die Einsamkeit. Und so ist es mit Sicherheit eine der wichtigsten Aufgaben im Leben, sich einen Kreis von Bezugspersonen aufzubauen. „Aufgabe" und „aufbauen" klingt jeweils ein wenig nach Anstrengung. Ja, das kann es manchmal sein.

Denn wenn eine herausfordernde Lebenssituation an dir zieht, ist dir vielleicht gar nicht nach Smalltalk, neuen Bekanntschaften oder Pläneschmieden. Durch Eigeninitiative machst du dich jedoch unabhängig von äußeren Umständen. Du kannst selbst Einfluss auf deinen Lebensweg und dessen Wegbegleiter nehmen, indem du nicht darauf wartest, dass das Leben dir eine neue beste Freundin vor die Nase setzt oder das Telefon klingelt und ein dir wichtiger Mensch endlich die zermürbende Funkstille durchbricht.

Manche Menschen verlassen deinen Lebensweg und oft liegt es nicht in deiner Hand, etwas daran zu ändern. Stattdessen ist es dir möglich, die Emotion zu spüren, die der Verlust oder die Einsamkeit verursacht, und den Widerstand gegen Trauer, Wut oder andere Emotionen aufzugeben, um dadurch deine Kraft der seelischen Selbstheilung zurückzuerlangen.

Gehe los und verbinde dich mit Menschen, um das Lebenselixier „Liebe" in dein Leben zu bringen. Liebe hat so viele verschiedene Facetten und kann auf vielfältigste Art und Weise wirken – nicht nur innerhalb der Familie, einer Partnerschaft oder innigen Freundschaft. Das Wertvollste an der Liebe ist, dass du sie verschenken kannst, ohne dass dir jemand eine Einladung dafür ausspricht. „Zu lieben" ist unabhängig von „geliebt zu werden". Es gibt so viele Menschen, die dankbare Empfänger deiner Liebe, deiner Nähe, deiner Unterstützung wären.

Wenn du also das Gefühl hast, zu wenig Liebe in deinem Leben zu haben: Beginne wieder, selbst mehr zu „lieben", ohne eine Gegenleistung dafür zu erwarten – z. B. indem du dich im Seniorenheim oder Mutter-Kind-Zentrum einbringst oder dem Nachbarskind Nachhilfe anbietest. Wenn du ein kreatives oder handwerkliches Talent hast, ein Instrument spielst oder eine Fremdsprache sprichst, finde über das schwarze Brett deines Supermarktes Interessierte, um jemandem Starthilfe darin zu geben.

Einem anderen Menschen eine Freude zu bereiten, ist ein Geschenk, das du dir selbst machst. Es verbindet dich – unabhängig von deinem bisherigen sozialen Netzwerk – mit dem „großen Ganzen" und erfüllt deinen Tag mit Sinn.

Natürlich gibt es auch weitere Möglichkeiten, um das Knüpfen neuer Kontakte mit deinen eigenen Interessen zu verbinden. Nach welchen passenden Angeboten könntest du noch heute suchen: Volkshochschulkursen, kostenfreien Sport-im-Park-Angeboten, Spieleabenden, Tanzvereinen, Wandergruppen?

Diese drei Ideen gehe ich als Erstes an, um mein Leben mit mehr Gemeinschaft zu bereichern: (z. B. Ehrenamt, Hobby)

1 ....

2 ....

3 ....

Loszugehen, um in Kontakt mit fremden Menschen zu kommen, bedeutet, aus deiner beliebten Komfortzone hervorzukommen. Doch lass dich von diesem „komischen Gefühl im Bauch" in diesem Fall bitte nicht aufhalten. Wenn du deine Situation, so wie sie ist, verändern möchtest, führt kein Weg daran vorbei, diesen Widerstand zu überwinden und mutig für ein Leben in Gemeinschaft loszulegen. Selbst wenn du kein offensichtliches Bedürfnis danach hast, neue Leute kennenzulernen, eines steht fest: Wenn du dich aktuell nicht als Teil einer Gemeinschaft (im Verein, Ehrenamt oder Freundes-/Familien-/Kollegenkreis) wahrgenommen fühlst, kannst du dein Leben um eine wertvolle Kraftquelle bereichern, wenn du dich einfach darauf einlässt und dich nicht von vermeintlichen Fehlschlägen bei dieser Mission abschrecken lässt.

Auch die regelmäßige Gesellschaft von Tieren kann dir Kraft und eine neue Perspektive für deine aktuelle Lebenssituation geben. Dafür ist kein eigener Vierbeiner vonnöten. Tierheime, Reitställe oder Nachbarn freuen sich oft über Unterstützung, und auch eine „Pflegekatze" kann dich eine Zeit lang begleiten, ohne dass du langwierige Verpflichtungen eingehen musst.

Das Glückspotenzial, das in der Gemeinschaft und Verbindung mit anderen liegt, ist es wert, es zu wagen – auf welchem Weg auch immer.

Du kannst
nicht zurückgehen und
den Anfang ändern,
aber du kannst
dort beginnen,
wo du bist, und
das Ende ändern.

— C. S. Lewis —

9. Dein Leben aus der „Schmetterlingsperspektive"

—

Wie geht es dir nach all den Informationen über Emotionen, über Zulassen und Loslassen, über Leidensverstärker und Geheimzutaten des Glücks?
Nimmt aktuell eine einzige große Herausforderung deine Aufmerksamkeit in Beschlag? Oder ist es eher die chaotische Summe vieler kleiner Störenfriede in deinem Leben?

Um herauszufinden, was aktuell tatsächlich alles an dir zieht, kannst du deine momentane Gesamtzufriedenheit mit dem gleich folgenden Schmetterlingsbarometer überprüfen. Dort spiegeln sich in den verschiedenen Teilen der Schmetterlingsflügel die unterschiedlichsten Lebensbereiche wider, z. B. deine persönliche Entwicklung, körperliche Gesundheit, mentale Stärke, berufliche Situation, finanzielle Lage oder auch zwischenmenschliche Beziehungen.

Mit dem Schmetterlingsbarometer kannst du somit dein gesamtes Leben ganzheitlich und dennoch wohl portioniert betrachten, um dich selbst immer wieder zu fragen:

„Welcher Teil meiner Schmetterlingsflügel dürfte sich noch weiter entfalten, um kraftvoll und widerstandsfähig Wind und Wetter zu trotzen? Wo herrscht gerade etwas Unruhe, Unsicherheit, Unzufriedenheit? Und wo bin ich zufrieden mit dem, was mir meine Lebenssituation aktuell zu bieten hat?"

Spüre in jeden Lebensbereich ein paar Minuten hinein und frage dich, wie erfüllt du in jedem Segment bist. Wenn es keine Steigerung mehr gibt und du volle zehn Punkte vergibst, ist dein Flügel in diesem Part bereits komplett entfaltet und du kannst deinen Schmetterlingsflügel dort vollständig ausmalen.
Solltest du in einem Lebensbereich gerade auf dem Tiefpunkt sein, bleibt der Schmetterlingsflügel leer. Wo liegt dein Barometer aktuell in den verschiedenen Lebensbereichen – irgendwo dazwischen?

Optimalerweise werden sich deine Schmetterlingsflügel mit der Zeit immer weiter und weiter entfalten. Doch oft erlebt man auch einen Rückschritt und die Zufriedenheit nimmt in einem Lebensbereich z. B. durch ein einschneidendes Erlebnis plötzlich wieder ab. Bestimmt kennst auch du diese Achterbahnfahrten nur zu gut. Benutze deshalb bitte entweder Buntstifte, die sich wegradieren lassen, oder nutze die Druckvorlage des Schmetterlingsbarometers, die du unter www.groh.de/extra/stark online finden kannst.

So kannst du deinen Zufriedenheits-Check-up immer wieder neu ausfüllen und deinen Prozess, wenn gewünscht, über mehrere Wochen, Monate oder Jahre hinweg Revue passieren lassen. Wie wäre es, wenn du dich immer am Anfang des Monats, an Silvester oder zu Beginn eines neuen Lebensjahres bewusst dir und deiner Gesamtzufriedenheit im Leben widmest?

Dein Barometer zeigt dir bildlich, in welchen Bereichen es aktuell ganz gut aussieht und wo es vielleicht dringend Handlungsbedarf gibt. Dank Fokus auf diesen Lebensbereich kannst du die Hauptursachen für ein mögliches Unwohlsein zielsicher entlarven und eindämmen. Von einigen Unruhestiftern in deinem Inneren wirst du dich sogar gänzlich befreien können, da bin ich mir sicher. Verschaffe dir jetzt einen wertvollen Überblick:

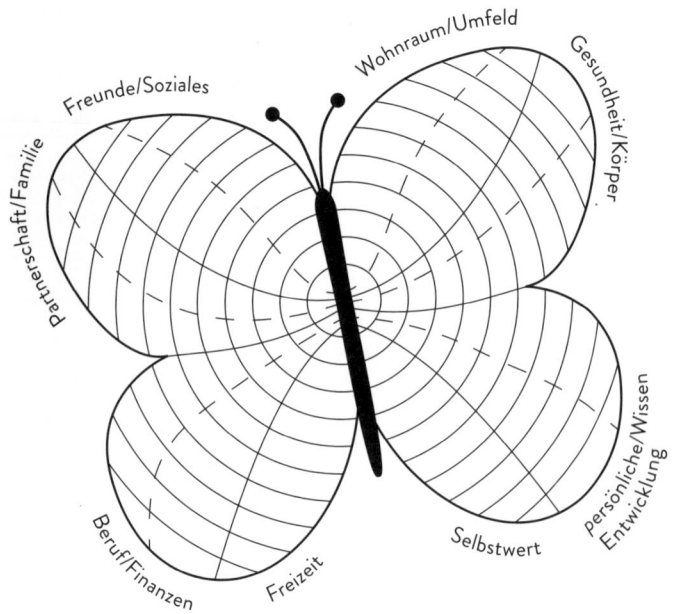

1. In welchem Teilbereich siehst du aktuell den größten Handlungsbedarf?

....

2. In welchem Teilbereich könntest du vermutlich am schnellsten eine (kleine) positive Veränderung bewirken?

....

Was wirst du konkret unternehmen, um deine Schmetterlingsflügel in diesen Bereichen weiter zu entfalten?

zu 1:

....

....

....

....

zu 2:

....

....

....

....

Jeder Mensch hat ein gewisses Maß an Kraft und Konzentrationsfähigkeit. Das Schmetterlingsbarometer zeigt dir, dass du dich nicht um alles gleichzeitig zu kümmern brauchst.

Zerlege den manchmal unüberwindbar erscheinenden Berg an Herausforderungen lieber in seine Einzelteile und pflege fürsorglich jeden Bereich mit Geduld, Eigenmotivation und Fokus.

Dann werden viele kleine Erfolgserlebnisse deinen abenteuerlichen Tanz durchs Leben begleiten und dir die Kraft geben, weiter und weiter zu fliegen – immer zufriedener, immer zuversichtlicher, immer freier, wilder und mutiger ...

Ich wünsche Dir von Herzen alles Gute,
Deine Karima Stockmann

Über die Autorin

Karima Stockmann ist mit ganzem Herzen „Lebensfreude-Stifterin". Als Speakerin und Autorin vermittelt sie mit ihren Vorträgen, Büchern und Blogartikeln jede Menge alltagstaugliche Tipps für mehr Zufriedenheit und Lebensfreude. Mit ihrem turbulenten Lebensweg und sonnigen Gemüt ist sie gern gesehene Expertin in Podcasts, Zeitschriften & Co.

Seit über zehn Jahren folgt Karima ihrer Lebensmission als Lebensfreude-Stifterin. Denn sie weiß selbst, wie herausfordernd das Leben sein kann. Neben ihrer Krankheitsdiagnose Diabetes mellitus Typ 1 im Jugendalter hat sie vor allem auch der tragische Verlust ihrer Schwester im Jahr 2017 stark geprägt.

Für Karima Stockmann bedeutet ein „lebensfreudiges Leben" keinesfalls, jeden Tag nur Sonnenschein im Leben zu haben. Ihr Geheimrezept besteht eher aus einer Balance von aktiver Eigenverantwortung und Selbstfürsorge auf der einen und vertrauensvollem Zu- und Loslassen auf der anderen Seite.

Mehr über Karima Stockmann findest du auf Instagram @karima.stockmann_lebensfreude oder auf www.karima-stockmann.info. Ihr Mutmach-Lied „Trau Dich" sowie die Druckvorlage des Schmetterlingsbarometers warten auf www.groh.de/extra/stark auf dich.

Idee und Konzept:
GROH Verlag. Das Werk einschließlich seiner Teile ist urheberrechtlich geschützt. Jede Verwertung außerhalb der engen Grenzen des Urheberrechtsgesetzes ist ohne Zustimmung des Verlages unzulässig und strafbar. Das gilt insbesondere für Kopien, Einspeicherung und Verarbeitung in elektronischen Systemen.

Textnachweis:
Wir danken allen Autoren/-innen bzw. deren Erben, die uns freundlicherweise die Erlaubnis zum Abdruck von Texten erteilt haben, sowie Ernst Ferstl, www.gedanken.at, für das Zitat auf S. 17.

Bildnachweis:
Cover, S. 143: Radmila Kerl (Autorenfoto); S. 7: Shutterstock/Darkdiamond67; S. 12: Shutterstock/Super Prin; S. 17: Shutterstock/Singleline; S. 24: Getty Images/Arctic-Images; S. 31: Getty Images/Kevin Schafer; S. 36: Shutterstock/GraphicsRF.com; S. 39: Getty Images/Madisyn Reppucci/EyeEm; S. 43: Shutterstock/DODOMO; S. 46: Shutterstock/VASRAN; S. 51: Getty Images/Alexander Spatari; S. 57: Getty Images/www.ginomaccanti.com; S. 64, 81, 119: Shutterstock/LivDeco; S. 75: Getty Images/Yuri Figuenick; S. 89: Shutterstock/Boule; S. 99: Getty Images/Rosemary Calvert; S. 108: Shutterstock/damerau; S. 120: Stock.adobe.com/alex_cardo; S. 124: Getty Images/Stephen Studd; S. 132: Getty Images/Samuli Vainionpää; S. 137: Stock.adobe.com/bluejeansw; S. 140: Karima Stockmann & textum GmbH.

Layout: Monika Griebl

Satz: textum Gmbh (Christine Rehmann)

Aus Verantwortung für die Umwelt hat sich die Verlagsgruppe Droemer Knaur zu einer nachhaltigen Buchproduktion verpflichtet. Der bewusste Umgang mit unseren Ressourcen, der Schutz unseres Klimas und der Natur gehören zu unseren obersten Unternehmenszielen.

Gemeinsam mit unseren Partnern und Lieferanten setzen wir uns für eine klimaneutrale Buchproduktion ein, die den Erwerb von Klimazertifikaten zur Kompensation des CO_2-Ausstoßes einschließt.

Weitere Informationen finden Sie unter:
www.klimaneutralerverlag.de

Du bist stärker, als du glaubst
ISBN 978-3-8485-2477-8
© GROH Verlag GmbH, 2021
www.groh.de